AF452911

FRAGMENTS

D'UN ESSAI

SUR

L'ÉDUCATION PUBLIQUE,

PAR ÉMILE LAFITE,

Ancien Pasteur et Président du Consistoire de l'Église Réformée de Metz.

METZ.

TYPOGRAPHIE DE S. LAMORT, RUE DU PALAIS.

—

M DCCC XXXVIII.

AVERTISSEMENT.

La brochure que je me hasarde à livrer au jugement du public, est l'analyse sommaire d'un ouvrage étendu sur l'éducation, dans lequel se trouvent examinées, avec un soin scrupuleux, toutes les faces sous lesquelles il m'a été donné de voir le sujet le plus vaste et le plus important qui puisse occuper l'attention des hommes graves et soucieux du bonheur de leurs semblables.

Je ne me fais illusion ni sur les difficultés de l'entreprise ni sur la mesure de capacité que la Providence me permet d'y consacrer. Mais alors même que je sens mon insuffisance, je me crois obligé de communiquer les observations que m'ont suggérées de longues années d'études et d'expérience. Je pense que si chacun, ami des intérêts généraux autant que des siens propres, offrait le tribut de ses efforts et le concours désintéressé de ses lumières, pour accomplir l'œuvre de la régénération sociale, le cœur des gens honnêtes souffrirait moins souvent du spectacle des désordres et des misères qui tuent ou dégradent les nations. Ah ! si la voix de ceux qui ont reçu du Ciel le don de la parole ne faisait entendre jamais que le langage austère de la vérité, afin d'instruire et de perfectionner, le goût des choses graves et honnêtes se répandrait de proche en proche, dans tous les rangs de la société ; celui des distractions frivoles et des plaisirs coupables diminuerait à mesure que les productions qui les font naître ou les alimentent deviendraient plus rares et que des habitudes d'ordre et d'application à des travaux utiles prendraient plus d'empire sur les esprits. Le nombre des livres qui font époque n'augmenterait pas peut-être, mais celui des livres réellement utiles, profitables aux bonnes mœurs deviendrait plus considérable.

Au moment où tant de mauvaises doctrines circulent, se propagent et pénètrent, pour ainsi dire, par tous les pores du corps social pour le corrompre et le détruire, il est nécessaire que tous ceux qui ont à cœur le bien de la société et qui souffrent du mal qu'on lui fait réunissent leurs efforts pour combattre l'ennemi commun, sans s'inquiéter du rang qui leur sera assigné parmi les combattants. La vanité qui écarte du devoir en inspirant la crainte de n'occuper pas une place assez relevée dans l'opinion publique, n'est pas moins condamnable que l'égoïsme qui se refuse ouvertement à ce qui peut compromettre. Dans l'un comme dans l'autre cas, c'est toujours l'intérêt général qui est sacrifié à l'intérêt privé.

Le motif qui m'a déterminé à publier simultanément l'analyse de deux extrémités de l'ouvrage, est de montrer jusqu'à quel point y règne l'unité. Bien que la théorie et la pratique y soient inséparables et s'y appuient constamment l'une l'autre, la première partie est plus particulièrement consacrée à exposer la suite des principes généraux, et la seconde à celle des applications qu'on en peut faire et de la méthode d'enseignement qu'il faut observer. Il ne faut pas une grande attention pour s'assurer que, dans les applications les plus vulgaires, aussi bien que dans les déductions purement logiques, c'est toujours le même principe qui se révèle clairement.

Dans le système que j'expose, ce principe se manifeste, comme dans la vie de l'humanité, toujours identique à lui-même; il se résume et s'explique dans son mode invariable d'action, dans son inépuisable fécondité qui va croissant à l'infini, et, par une sorte de retour sur elle-même, se multiplie par le nombre des biens qu'elle produit.

En dernière analyse, il exprime l'origine, la fin et la voie de l'humanité et se formule énergiquement par les paroles de Jésus : *Soyez parfaits comme votre père qui est dans les cieux est parfait.*

Remarquez bien que ces paroles, sur lesquelles je m'appuie avec une invincible confiance, n'expriment pas seulement un conseil, un précepte auquel on puisse à volonté souscrire ou se soustraire, ni même une de ces lois telles qu'en crée la sagesse humaine, qui, bonnes pour un temps, cessent d'être obligatoires avec les circonstances qui leur ont donné naissance ; non, c'est une loi absolue, supérieure, quant à la durée et à l'importance des intérêts qu'elle embrasse, aux lois qui régissent le monde extérieur. L'empire de celles-ci expire à la limite du monde qu'elles gouvernent ; elles finiront quand il *passera**. Tandis que la

* Math. chap. XIV, v. 35.

loi du perfectionnement moral , antérieure au monde , poursuit son action dans l'éternité et partout où subsistent des êtres et des rapports moraux. Réunissant au plus haut degré tous les caractères de divine origine qu'on lui impute , elle est nécessaire, éternelle , présente partout et toujours ; elle trouve en elle-même sa sanction et le principe de sa puissance : elle est Dieu , en tant qu'il gouverne le monde moral. Quiconque l'observe , obéit à Dieu lui-même , subit immédiatement son influence , et il se rapproche de lui, disons le mot : il se *divinise* dans une proportion qui croît en raison de l'énergie de cette influence. L'attraction morale s'exerce suivant des conditions analogues à celles de l'attraction physique.

Que l'unité existe dans un système qui a pour objet de montrer sous le plus grand nombre de faces l'action de cette loi, il ne faut pas plus s'en étonner que de voir les merveilleux résultats produits par l'application scrupuleuse qui en est faite. Car c'est Dieu qui agit, qui se montre pour mener à lui ses créatures. Comment se fait-il que l'homme vienne en Dieu sans s'absorber ni se confondre, qu'il reste et se sente toujours lui-même? C'est une question d'une haute importance, mais nous devons nous borner à faire observer que l'indépendance du *moi* augmente alors que l'esprit grandit, c'est-à-dire qu'il se rapproche de Dieu et prend avec lui un caractère plus prononcé de ressemblance.

L'ordre d'idées dans lequel nous nous plaçons n'est pas celui des traités ordinaires d'éducation, il ne compte hélas! qu'un très-petit nombre de partisans; mais j'ai le désir sincère de contribuer au bien général, et n'ai point la prétention d'obtenir le suffrage universel; je brigue seulement celui des hommes dont les travaux, la tendance et les vœux s'accordent avec les miens.

PREMIÈRE PARTIE.

PRINCIPES GÉNÉRAUX.

ÉDUCATION PHYSIQUE.

HYGIÈNE.

CHAPITRE PREMIER.

PRINCIPES GÉNÉRAUX.

L'éducation est l'ensemble des influences qui concourent a développer l'*homme*, à le rapprocher progressivement du but signalé, par le plus grand des maîtres, dans ces paroles : *Soyez parfaits comme votre père qui est dans les cieux est parfait*.

L'œuvre de l'éducation est immense et sainte ; elle embrasse l'homme tout entier, ses rapports avec Dieu et le monde ; le dirige dans *toutes* les phases de son développement jusqu'au terme définitif de sa carrière. Elle le prend comme un germe fécond, mais brut, et le rend au sein de Dieu après l'avoir conduit par un travail lent et progressif, à la plénitude de la puissance et de la bonté. Dans le cercle qu'elle parcourt, elle comprend à la fois le temps et l'éternité, l'ignorance absolue et la parfaite sagesse. Ainsi l'éducation aboutit nécessairement à Dieu, et ne peut finir qu'en lui.

L'éducation est une ; sa loi et son but sont *un* ; mais parmi la multitude des influences dont elle se compose, l'action de l'homme sur l'homme joue temporairement le principal rôle. Cette action, pour être heureuse, doit s'exercer conformément au but de l'homme et à la loi du développement. Or, le but est la perfection absolue. Mais la perfection absolue c'est la réunion, au plus haut degré, de la sagesse, de la bonté, de l'amour, de la puissance ; c'est conséquemment le bonheur parfait. Car, celui qui est souverainement sage, bon, puissant, se suffit à lui-même ; dans sa propre contemplation, il trouve une intarissable source des joies ineffables ; il se voit comme la réalisation vivante du beau, du grand, du saint. Et lorsque, par sa puissance, il accomplit hors de lui les œuvres de son amour, il juge que *cela est bon*, et se félicite encore de se trouver toujours tel qu'il aime à se voir.

Ces deux termes, *bonheur, perfection,* coexistent donc dans un rapport constant d'égalité, se présupposent nécessairement l'un l'autre, s'engendrent par réaction et se mesurent réciproquement avec une exactitude rigoureuse, de telle sorte qu'on peut conclure infailliblement de l'étendue de l'un à celle de l'autre, et que, d'après la nature, l'intensité et la durée des jouissances d'un être, il est possible de déterminer le degré de son perfectionnement.

De ces principes, établis à priori, il résulte ces vérités applicables à l'éducation aussi bien qu'à la vie pratique, que les sources du vrai bonheur de l'homme n'existent qu'en l'homme même, que le plaisir et la douleur sont réellement les mobiles de l'activité humaine, qu'ils la font se déployer avec une énergie proportionnée au degré d'influence qu'ils exercent, et que, d'un autre côté, les plaisirs deviennent plus nombreux et plus purs, les souffrances plus rares et moins vives, suivant la mesure de sagesse et de puissance à laquelle on est parvenu.

La théorie, sur ce point, est pleinement confirmée par l'expérience qui nous montre l'humanité cherchant sans cesse, et trouvant toujours dans la science les élemens du bonheur et les moyens de lutter avec avantage contre le mal. Ainsi, obéissant à la double influence du mal qui le pousse hors de l'ignorance et du bien qui l'attire à la science, l'homme marche d'un pas progressivement accéléré vers la perfection.

Dans le plan de l'éducation, il faut donc considérer le plaisir et la douleur comme des instruments que Dieu a mis à notre disposition pour élever les enfants jusqu'à lui. Le christianisme n'a d'autorité et ne mérite le nom de *bonne nouvelle*, que parce qu'il nous annonce que Dieu, comme un père tendre, ne nous oblige à être bons que pour nous rendre heureux.

L'espoir du bien-être ou la crainte du mal excitent l'activité, et l'activité se développe par le fait seul de ses propres efforts. *L'activité propre* est donc la loi du développement. Le bien et le mal n'en sont que le terme.

Le développement humain n'a rien de commun avec le mouvement d'un corps qui, replié sur lui-même, s'ouvre, s'étend, met en évidence toutes ses faces sous l'influence d'un mobile étranger; c'est l'acte d'une force vive qui, par sa propre énergie et s'excitant par les résistances, s'élève graduellement au plus haut point de puissance dont elle soit susceptible.

Le droit imprescriptible de l'intelligence, l'essentielle condition de son développement dans l'homme au sein de la société, c'est la liberté de l'activité propre. Le devoir imposé à chacun par rapport à tous, sans exception, c'est de respecter cette liberté, de n'y jamais porter atteinte, sous quelque prétexte ni dans quelque mesure que ce

soit. Par rapport à soi-même, c'est de l'exercer sans
cesse, de la défendre envers et contre tous, de
sacrifier tout le reste plutôt que de l'aliéner, car
elle est la source de tous les biens réels.

Cependant, tout en respectant cette loi sainte,
et pour la concilier avec cette autre loi providentielle qui excite l'activité par le bien-être, il
faut diriger l'activité de telle sorte que les efforts
soient productifs en jouissances immédiates. Sans
cela, le principe actif, privé de son aliment essentiel, languirait, tomberait dans l'inertie, et la masse
des hommes se composerait perpétuellement d'intelligences avortées et d'esclaves dociles. Laissez
au contraire chacun marcher, suivant ses forces,
vers un but utile et déterminé, et la société verra
se multiplier le nombre des citoyens éclairés et
courageux ; et les institutions sociales, réformées
par les mœurs épurées, et le concours intelligent
de tous, seront respectées, parce qu'elles seront
réellement en harmonie avec les besoins et les
intérêts de la société.

Le devoir de l'éducateur est donc de provoquer
l'activité, de l'exercer de telle sorte que chaque
action proclame un progrès, une amélioration,
un accroissement de puissance, de bonté et de
bonheur

3

Ainsi l'activité est à la fois la source unique et le signe qui manifeste le progrès.

L'unité humaine est imperturbable ; mais elle se manifeste sous des formes diverses, et peut être considérée sous des aspects différents, sans que, pour cela, elle soit mise en doute, ni que les rapports harmonieux des conditions de son existence soient en rien altérés.

Le corps, l'esprit et le cœur n'en sont que les trois formes fondamentales, se développant simultanément, par l'action de la même loi, en réagissant sans cesse l'un sur l'autre pour arriver au même but. Sous ces trois formes fondamentales, aussi bien que sous toutes les formes secondaires qui en dépendent, c'est toujours le principe actif qui révèle sa puissance. En lui seul est la vie, ou, pour mieux dire, il est la vie ; où il cesse d'être, règne la mort ; et la matière, qu'il organise pour son service, redevient inerte et improductive dès qu'il la délaisse. Dans le corps qui grandit, agit, opère, comme dans l'intelligence qui pense et veut, je ne vois jamais que le principe actif qui se développe, marche vers son but, en s'accommodant aux circonstances et aux conditions inévitables de son existence actuelle.

Sous ce point de vue donc, que le corps est une des conditions inévitables du développement du *moi*, il mérite d'être l'objet d'une sollicitude et de soins continuels, non-seulement pour qu'il se conserve et ne soit pas un instrument de douleur ; mais surtout pour qu'il devienne de plus en plus propre à bien remplir son office, à servir convenablement l'intelligence.

Le corps se conserve et se développe par la nutrition et par l'exercice. Ainsi déjà, en ne considérant le corps qu'au point de vue de sa conservation et de son développement, nous nous trouvons en face du principe actif, en tant qu'intelligence. Car, dans la nutrition, les organes se conservent et se développent non-seulement par le jeu des viscères qui accomplissent ces fonctions, et par le fait même de l'assimilation ; mais aussi par l'intelligence qui intervient, par la sensation, pour choisir les aliments, en déterminer la quantité et pour régler l'appétit. Qui ne sait l'influence des affections morales et du travail de la pensée sur les fonctions digestives ? qui ne sait à quel point l'imagination et la volonté les peuvent modifier, dans quelle incroyable proportion elles en augmentent ou en restreignent l'énergie sans altérer les sources de la vie ? Ainsi

Newton en avait presque suspendu l'exercice en
concentrant la vie dans le cerveau, et, après de
longues heures de méditation passées dans l'abstinence, il croit qu'il a assouvi sa faim parce
qu'on lui présente les débris d'un repas : et Newton
est mort presque centenaire ! A cette vie si pure,
si indépendante de l'organisme qui la sert, et
si puissante sur lui, opposez celle de ce roi de
Macédoine, dans la personne duquel le génie et
la majesté royale sont si justement dégradés par
le propos de cette femme qui en appelle à Philippe
à jeun, du jugement prononcé par Philippe dans
l'ivresse, et vous aurez une idée et de l'empire
qu'il est possible à une ame forte d'exercer sur
les organes de la nutrition, et du honteux es-
clavage où ces organes plongent l'esprit abruti
qui leur a laissé usurper la souveraineté *. Ce-

* Sans se livrer à des inductions hasardées, on peut croire que
si l'incontinence de Philippe eût exercé moins d'influence sur sa
conduite et ses jugements, le fer d'un assassin n'eût pas abrégé ses
jours, qu'il eût accompli lui-même la conquête de l'Asie, et posé les
solides fondements d'une vaste monarchie. Son successeur, subissant
les nécessités de sa position, fût resté à l'abri de l'ambition qui veut
s'étendre au loin, et n'eût obéi qu'à celle qui aspire à conserver
et à féconder les germes d'une immense puissance. Tout entier aux
soins de l'organisation, du gouvernement, de l'administration, de
tant de peuples hétérogènes répandus sur une vaste étendue de
terrain, tous ennemis les uns des autres, mais réunis par un
sentiment commun de haine profonde contre la domination étran-

pendant, il faut en convenir, il n'est pas donné, même à l'esprit supérieur qui a le plus l'habitude de rester maître de lui-même, de s'affranchir toujours de l'influence de ces organes, et personne n'ignore les désordres que leurs maladies apportent dans les opérations intellectuelles et dans les affections morales, aussi bien que dans toute la conduite.

Sous l'influence d'une digestion difficile, le caractère le plus vigoureusement trempé faiblit,

gère, son génie ne fût pas resté au-dessous de sa tâche, et les lois, les institutions, les sciences et les arts, en un mot la civilisation de la Grèce, appropriée aux circonstances de son nouvel empire pour le relier en un tout compact, eussent changé la face du monde et préparé à l'humanité d'autres destinées que celles qui lui étaient réservées. Rome se fût brisée contre ce colosse, la barbarie ne l'eût touché que pour s'y engloutir et lui prêter de nouvelles forces. Le christianisme, retournant à son premier berceau, y eût trouvé des disciples mieux préparés ; il eût cimenté l'alliance de la civilisation de l'Orient avec celle de l'Occident, à cause de sa double sympathie avec l'une et avec l'autre ; à l'Inde stationnaire, il eût, par un facile contact, imprimé le mouvement et la vie et lui eût en échange emprunté son antique sagesse et ses traditions profondes. Les hordes sauvages de l'Asie, saisies par lui, à leur point de départ, par son double mouvement de l'Orient en Occident et d'Occident en Orient, auraient été civilisées avant que d'avoir songé à porter dans le monde leurs ravages et leurs mœurs féroces.

Aujourd'hui peut-être déjà, une même foi, des mœurs, des lois, des institutions analogues régneraient sur tous les points du globe, et permettraient à l'humanité d'espérer une plus prompte réalisation des promesses du Christ.

s'irrite, et, par une sympathie qui prête une sorte d'autorité aux désolantes doctrines d'un abject matérialisme, l'ame subit toutes les modifications, partage toutes les angoisses de l'organe affecté. Par inverse, une émotion qui vient assaillir le cœur au moment où la digestion s'opère, y amène le trouble et produit parfois des ravages mortels sur la constitution.

Le système musculaire et la faculté de sentir exercent sur l'ame une action beaucoup moins profonde, et subissent la sienne à un degré d'énergie bien autrement prononcé. Ne voit-on pas en effet les organisations les plus puissantes devenir incapables du moindre effort ou subir les désordres les plus fâcheux, lorsque le cœur est dominé par la peur, tandis que des corps chétifs résistent, par l'énergie de la volonté, à des fatigues qui écraseraient des hercules ?

La douleur physique la plus atroce, alors qu'elle tue, n'est-elle pas anéantie dans la conscience par l'imagination exaltée, ou par la raison qui isole le *moi* de la cause qui l'opprime en un de ses éléments ? Les martyrs de la foi chantaient des cantiques d'allégresse durant que les flammes consumaient leurs chairs crépitantes. *Kant*, dévoré par la goutte, produisait, au milieu de l'accès, l'œuvre d'une profonde analyse, et ne revenait au sentiment de lui-même que pour retrouver la douleur plus intense, et pour constater les ravages du mal sur l'organisme.

Les forces musculaires, proprement dites, ne se conservent, ne remplissent convenablement les importantes fonctions qui leur sont attribuées, qu'autant que le reste de l'organisme est maintenu dans l'étal normal, et que l'intelligence préside à leurs fonctions. Elles ne se subordonnent celles du monde matériel, et ne modifient si merveilleusement la nature, que parce que l'art et la science les distribuent, les règlent et les appliquent. Il est évident que l'intelligence ne peut s'occuper du soin de découvrir le meilleur mode d'application des forces qui sont à son service, sans se développer en raison de ses efforts, sans acquérir la conscience de sa supériorité, sans éprouver le besoin d'étendre le domaine de la science et des arts, afin d'accroître son bonheur par sa puissance. Il est même impossible que certains exercices, destinés spécialement à rendre le corps capable de subvenir aux besoins de la vie pratique, ne déterminent un genre d'aptitude, de courage, dont la privation est un malheur réel dans une multitude de circonstances.

Non-seulement les forces musculaires sont l'instrument qui asservit à la pensée le monde matériel ; mais encore elles sont l'organe spécial par lequel la pensée se fait jour, se révèle, se communique et se développe. Car le jeu de la physionomie, le regard, les gestes, la voix, constituent la parole substantielle et primitive, la parole universelle qui permet à la brute de sympathiser avec l'homme, aussi bien qu'à l'homme lui-même de s'entretenir avec son semblable quel qu'il soit, et nonobstant les formes de la parole artificielle.

Cette puissance merveilleuse des forces musculaires, témoignage éclatant de l'unité humaine, est dépendante de l'action générale de l'organisme, et particulièrement des organes spéciaux de la sensation.

En effet, la parole primitive n'exprime immédiatement que les affections sensibles, les jugements spontanés et les actes simples de la volonté. Et encore elle n'est l'instrument fidèle de ces modifications élémentaires de l'ame qu'à la condition qu'on ait *conscience* des signes dont elle se compose, qu'on *sache* leur valeur, leur rapport aux modifications éprouvées, afin de les pouvoir régler suivant l'effet qu'on *veut* produire. Et alors même que la volonté n'y intervient nullement en apparence, elle est certainement un acte d'intelligence, car elle signifie toujours une sensation, et par là, elle atteste l'attention pur phénomène de l'activité. Mais du moment où la volonté, fille de la raison, exerce ostensiblement son empire, à son gré, la sensation se tait, la douleur s'efface, le plaisir s'éteint, et l'organisme, impassible et muet, ne trahit aucune émotion sous l'influence des causes les plus propres à en produire de violentes. Cette observation se justifie, aux divers degrés de la civilisation, par le sauvage qui brave son ennemi et entonne, au sein des tortures, le chant de son triomphe sur la douleur aussi bien que par l'exemple du sage qui, toujours maître de lui, et comme étranger au mouvement extérieur, ne laisse voir, en aucune circonstance, que ce qu'il veut montrer. En ceci l'on peut voir l'unité humaine sous une nouvelle face et l'asservissement de la matière à l'esprit.

Malgré cette importante vérité, si propre à nous exalter, en nous montrant combien nous sommes haut placés dans l'échelle des êtres, il n'en est pas moins certain que le *moi* ne se développe et ne grandit dans la science du monde sensible, que par le moyen des organes de la sensation.

C'est un fait incontestable que si les sens ne sont pas la cause unique, ils sont au moins la cause occasionnelle de nos connaissances, et qu'on ne peut trouver qu'en eux la source de tout ce que nous savons sur le monde extérieur.

En effet, le premier acte de l'entendement et le premier pas dans la science, est une sensation. Toutefois la sensation n'existe que par l'attention, et du moment où celle-ci refuse son office, la sensation s'anéantit : ce qui prouve non-seulement l'unité du *moi*, mais encore son indépendance relative puisque ses modifications ne sont pas fatales, mais subordonnées à la volonté. Quoi qu'il en soit, la sensation n'est qu'à l'occasion de la mise en jeu des organes des sens, soit par suite d'une modification purement organique, ou par l'influence du monde extérieur. Dans ce second cas surtout, c'est Dieu, en tant que principe absolu de l'activité, qui se révèle à l'homme par la double intervention du monde et de l'organisme individuel.

Les idées se multiplient, se rectifient, l'intelligence procède progressivement mieux à la découverte des lois générales, des vérités fondamentales qu'expriment les phénomènes sensibles, en raison de la multiplicité des sensations et de la fidélité des témoignages qu'elles apportent. Or, les sens ne peuvent dire que ce qu'ils apprennent par les organes. Ceux-ci muets, ou en défaut, l'intelligence ne sait rien du monde sensible, fonctionne mal ou tombe dans l'égarement. Ainsi Bethhoven, qui a perdu la faculté de s'entendre, produit des œuvres que la science avoue peut-être, mais dont l'exécution ne peut frapper l'oreille sans qu'on ne déplore cette mutilation du génie. De ce que l'intelligence n'arrive au monde matériel que par les organes, on en doit conclure seulement qu'ils sont l'instrument temporairement obligé d'une branche de la science, et qu'il importe beaucoup de les mettre et de les maintenir dans les meilleures conditions possibles de service. Mais ce serait grossièrement se tromper que de voir en cela une preuve contre l'essentielle liberté du *moi*. Il serait tout aussi sage de trouver, dans l'impossibilité de communiquer à la matière les propriétés de l'esprit, un argument contre la puissance et la sagesse divine.

L'harmonieuse dépendance de toutes les parties du corps humain et l'assistance mutuelle qu'ils se prêtent, se retrouve dans le système particulier des organes des sens, et constitue une nouvelle preuve en faveur de l'unité du *moi*. Et même, pour l'observateur attentif, les diverses fonctions de l'organisme dans la sensation, se ramènent à un seul phénomène fondamental : le *tact*. Je ne sens par la vue, je ne sens par l'ouïe, je ne sens par l'odorat que parce que les nerfs de l'organe ont été ébranlés par le contact avec un agent extérieur. Au point de vue de la sensation, j'ai peu de souci de savoir laquelle des deux hypothèses de l'émission ou de l'ondulation, explique le mieux le phénomène de la vision ; car, dans l'un comme dans l'autre cas, c'est toujours de la mise en contact de la matière avec l'organe que résulte la sensation ; et il implique même contradiction qu'il en soit autrement.

Quoi qu'il en soit, aucun des organes ne fournit, sur les choses, que des témoignages incomplets ; l'expérience apprend bientôt à se défier de chacun d'eux, alors même qu'il fonctionne dans l'ordre de rapports sur lesquels il est appelé à produire la connaissance. Et l'intelligence ne peut arriver à une certitude approximative sur le monde des phénomènes sensibles, qu'en contrôlant sans cesse le témoignage de l'un des sens par celui de tous les autres.

En vertu de ce travail de la pensée, qui cherche à se compléter sur les choses par la comparaison attentive des sensations qu'elle multiplie à cet effet par un acte de volonté réfléchie, le *moi* acquiert la conscience de son immuable unité, de sa souveraineté sur l'organisme, de l'impuissance de celui-ci livré à lui-même, et des services qu'il en reçoit lorsqu'il veut et sait en diriger les fonctions.

L'expérience, qui fait si bien sentir la nécessité de compléter les notions arrivées par un sens au moyen de celles qui sont fournies par les autres, fait voir bientôt que les organes remplissent mieux leurs fonctions, à mesure qu'ils sont appliqués à des exercices plus convenables. Mais, qu'on y fasse bien attention, abstraction faite du mouvement purement physique, duquel résulte, suivant une loi propre aux corps organisés, un accroissement de force musculaire et d'aptitude organique inappréciable, ces exercices ne sont, en dernière analyse, qu'une direction spéciale donnée au principe actif, qu'un mode d'application de l'intelligence, et ils ont, pour résultat nécessaire, le développement intellectuel bien plutôt que celui de l'organisme. L'amélioration mécanique qu'ils provoquent, ne contribue, que pour très-peu de chose, à l'habileté croissante que déploie, dans l'exécution de ses œuvres, un artiste studieux. On ne peut en attribuer la source vive et féconde, qu'au progrès de l'intelligence elle-même dans l'art de diriger les opérations des organes, soit pour obtenir des perceptions exactes, soit pour réaliser des conceptions.

Le peintre, dont le talent brille à un haut degré dans l'art de produire fidèlement la nature, est arrivé à ce résultat, non par une disposition spéciale de l'organisme, mais par la longue et patiente étude qu'il a faite des formes propres aux objets dont il s'applique spécialement à reproduire l'image. Il est habile, parce qu'à force d'observations et de tentatives laborieuses pour en consigner matériellement le résultat, il a vu clairement, saisi et retenu imperturbablement en sa mémoire, l'aspect général des figures de son choix, le rapport, la situation et la grandeur relative des parties qui les constituent, parce qu'il a rapporté, avec un soin scrupuleux, l'image qu'il trace aux types créés dans son entendement par l'infinie multitude de ses jugements. Il n'efface, il ne rectifie, il n'efface encore pour corriger, toujours que parce qu'il juge que l'œuvre de sa main ne réalise pas celle de sa pensée. Cette main, par laquelle il produit le chef-d'œuvre que j'admire, est moins souple, moins ferme et moins légère peut-être que celle du dernier de ses élèves ; mais, instrument fidèle, elle conduit le pinceau et distribue les couleurs sur tous les points que prescrit l'intelligence, pour donner à la toile le relief et la vie.

L'unité du *moi* peut donc être considérée comme une vérité incontestable ; la forme sous laquelle elle apparaît dans l'organisme, ne peut pas plus la déguiser au regard de l'observateur attentif, que la diversité des modes d'actions du *moi* lui-même. Elle se montre toujours identique à elle-même, seulement elle prend un caractère plus prononcé, plus visible, à mesure que le *moi* prend un essor plus rapide vers la perfection, qu'il exerce un empire plus absolu sur l'organisme, et en favorise plus efficacement le développement.

Cependant, si ce développement est subordonné à l'intelligence, il n'en est pas moins vrai qu'il joue un rôle important, décisif, et qu'on ne saurait le négliger sans s'exposer à de graves inconvénients, sans arrêter l'intelligence dans la voie du progrès ; s'en occuper sans cesse est donc un des devoirs les plus sacrés de l'éducateur.

CHAPITRE DEUXIÈME.

—

ÉDUCATION PHYSIQUE.

HYGIÈNE.

La nature des soins qui sont dus au corps, et des exercices auxquels il faut le livrer, varient en raison de la diversité des organes, de celle des organisations et du but spécial qu'on se propose dans l'éducation.

Les soins qui se rapportent à la conservation du corps, au maintien de la santé, à l'équilibre des fonctions organiques entre elles et avec celles de l'ame, à l'exercice régulier de toutes les forces physiques, à une application avantageuse de ces forces aux divers besoins de la vie, constitue, sous le nom d'hygiène, une des plus importantes parties de l'éducation.

La nutrition est l'acte de l'être qui prend, dans la nature, la part qui lui revient du principe qui fait vivre, se développer et se renouveler sans cesse l'organisme.

La justice distributive qui préside à cette ré-partition du bien commun, annonce une haute sagesse et un saint respect pour la liberté de chacun ; car chacun est appelé à déterminer lui-même la part qui lui convient, à la mesurer par le besoin qu'il éprouve ; de sorte que la conscience est sur ce point encore le juge auquel il s'en faut rapporter, et que lorsqu'on a pris une part excessive ou refusé de céder convenablement au besoin, il ne faut s'en prendre qu'à soi-même des désordres et des souffrances qui surviennent.

Cependant cette responsabilité morale, caractère si prononcé de l'unité de l'homme et de sa dignité, n'est l'attribut que de celui qui exerce sa raison, qui délibère et choisit. Elle n'existe pour l'enfant que lorsque son intelligence opère spontanément sur ses besoins et sur les moyens de les satisfaire ; et avant le temps où, éclairé par l'expérience et l'observation, il ne sait pas à quoi s'en tenir sur le danger de l'abus, son maître doit lui tenir lieu de la raison qui lui manque, tout en s'appliquant à provoquer l'apparition et le développement du *moi*, afin de lui remettre le soin de sa propre conduite, et la responsabilité de ses œuvres.

L'hygiène n'impose donc pas seulement à l'instituteur le facile devoir de donner à ses élèves une nourriture saine et abondante ; elle dit à sa raison et à son cœur surtout de surveiller, avec une attentive sollicitude, l'effet produit par le régime alimentaire, afin de le modifier suivant les nécessités réelles de celui dont l'organisation ou la santé réclament une exception. Par les mesures que sa prudence lui dicte à cet égard, il donne à ceux qui en sont l'objet un gage non équivoque d'affection, et dispose à voir en lui non un maître seulement, mais un père tendre.

Il ne comprend pas sa mission et n'atteindra jamais son but, celui qui ne sait qu'obéir à des règles générales, qui ne sent vivement le besoin de se faire tout à tous, d'entrer dans les intérêts de chacun, afin d'y sympathiser avec effusion. L'enfant n'est sensible qu'au témoignage d'attachement personnel qu'il peut comprendre ; il n'est nullement touché d'un amour qui le confond avec tous les autres, et se révolte contre l'intérêt qui ne sait se montrer que par l'application d'une loi dont il se sent blessé et ne peut apprécier les avantages. Par ce sentiment jaloux, qui fait que chacun veut être aimé pour son propre compte et plus que tout le reste, il n'est pas un homme, heureusement, qui ne ressemble à un enfant.

Cependant, sans jamais cesser d'être indulgent pour les faiblesses du jeune âge, ni plein de compassion pour ses douleurs réelles, il faut s'armer d'une prévoyante fermeté, afin de préparer

le corps, par les privations, par l'abstinence même,
aux épreuves, aux vicissitudes de la vie. Une éduca-
cation molle et délicate fait des Lucullus, des Sy-
barites experts dans l'art de jouir, accessibles par
tous les pores à la douleur, prêts à tout sacrifier à
la sensualité, et non point ces hommes sobres,
forts, patients, tels qu'en demande la patrie au
temps du danger, pour lesquels les aliments gros-
siers ne sont pas une souffrance, que la faim, la
soif, l'intempérie des saisons et la fatigue trouvent
également résignés, aux cœurs desquels jamais la
peur des privations n'étouffe le sentiment du
devoir. Ici l'éducation physique se combine avec
l'éducation morale, à laquelle elle emprunte sa
force et son autorité. Ce n'est plus seulement pour
prévenir les douleurs de la maladie, ou pour
donner à l'intelligence un auxiliaire puissant dans
un corps dispos qu'on obéit aux conseils de l'hygiène ; mais c'est surtout pour ouvrir au cœur
l'accès des plus difficiles vertus de la vie pratique :
la tempérance, la modération, l'empire sur les
passions ; pour donner à l'esprit la force qui domine toujours la chair.

En vertu de cette loi, qui établit une dépendance et une affinité nécessaires entre tous les
actes qui émanent d'un même principe, l'homme,

qui est assez maître de lui pour n'accorder jamais aux plaisirs de la table que ce qui suffit à sa faim et à sa soif, règne sur tous ses sens en maître absolu, et ne se permettra jamais une de ces jouissances dont le souvenir est un remords, ou fait monter au front la rougeur.

Dans cette nécessaire alliance de l'hygiène et de la morale, se présente un double écueil également redoutable. Et les précautions mêmes que l'on prend pour éviter le mal, ne deviennent que trop souvent la cause qui le produit. Il n'est en effet possible d'opposer que de bien rares exceptions à cette vérité, qu'on doit redouter tout autant d'exciter la sensualité par les privations, qu'il est indispensable d'imposer parfois, que de la porter au comble en se montrant trop indulgent pour elle.

Cependant il est possible à un cœur bienveillant, dirigé par l'expérience et la raison, de souscrire à la loi providentielle qui place en nos besoins la source de nos plaisirs, sans autoriser rien qui favorise un développement excessif de la sensualité, ni qui empêche de naître et de se développer de salutaires habitudes.

Quoi qu'en disent d'hypocrites censeurs ou certains moralistes, plus ardents pour le bien qu'éclairés sur les moyens de le produire, les plaisirs des sens sont toujours ceux de l'ame, ils sont saints en eux-mêmes ; car ils sont réellement la forme fugitive du bien, merveilleusement appropriée à notre condition présente. L'abus seul en est condamnable, parce qu'inévitablement il amène la douleur, rend incapable d'en goûter de plus purs ou d'en faire le sacrifice au devoir.

Pour en neutraliser l'influence et modérer l'ardeur qu'ils inspirent, il importe de rendre évidents les dangers qu'ils font courir, et les biens supérieurs dont ils privent ceux qui s'y livrent avec trop de confiance. Il faut surtout féconder au cœur, dès la plus tendre enfance, le germe de l'amour pour les hommes, afin que les délicieuses jouissances, qui naissent de l'échange des affections bienveillantes, contrebalancent les désirs sensuels, et ne leur laissent, dans le bonheur humain, que la part qui leur est dévolue par la Providence.

Ah! si le bonheur d'aimer et d'être aimé, si celui de bien faire, qui en est la suite naturelle, était compris de tous, nul ne serait jamais l'esclave de ses sens, et chacun trouverait la force de résister à leurs plus enivrantes séductions, dans la crainte seule d'être moins digne d'amour ou moins capable de bien faire. Et qu'on y prenne bien garde, il ne s'agit point ici d'un triomphe du cœur sur les sens, mais d'un acte pur de la raison, qui choisit, entre deux ordres de jouissances, celui qui réunit, au plus haut degré, les chances de durée et de vivacité. Cette observation ramène à l'unité les phénomènes de la sensibilité et ceux de la raison, et constate l'influence de la loi, qui fait que l'activité s'excite par le plaisir et la douleur. Car l'ame seule jouit et souffre, espère et craint, délibère et se détermine, veut et opère.

Les précautions à prendre dans l'alimentation, pour conserver le corps ou le développer, pour exciter l'activité par le plaisir attaché par la Providence à la satisfaction des besoins, pour habituer l'ame à sacrifier une jouissance physique actuelle au bonheur moral de l'avenir, à la crainte d'une douleur ou d'une dégradation inévitable, n'épuisent pas la tâche de l'hygiène. Elle règle en général, et pour chacun en particulier, la nature et la durée des exercices ; le temps du travail et du repos, celui du sommeil et de la veille.

Les principes qui la dirigent à l'égard des exercices et de la distribution du temps sont : que les forces se développent, se conservent en raison de l'exercice ; que l'exercice auquel on les soumet, doit être proportionné à la puissance dont elles sont susceptibles ; que cette puissance

varie d'intensité en raison même du développement ; qu'il faut se garder, tout aussi soigneusement, d'exiger moins que d'exiger plus qu'elles
ne peuvent, car l'inertie les énerve, les tue aussi
bien que l'abus ; que l'énergie qu'elles déploient
est égale à celle de la volonté qui les excite ;
qu'à son tour celle-ci n'a de puissance que celle
qu'elle reçoit des motifs qui la produisent. L'art
se réduit ici à placer le principe actif sous l'influence de motifs capables d'élever la volonté à
la hauteur de sa puissance.

Mais qu'il est difficile cet art ! quelle profonde
connaissance des choses de la vie et du cœur
humain, quelle expérience des enfants il faut
avoir ! de quelle longue et courageuse patience,
de quelle ingénieuse bonté il faut être animé
pour découvrir et appliquer les moyens d'exciter
et de soutenir, en de justes limites, la volonté
du travail ; pour modifier ces moyens, suivant
les aptitudes et les nécessités si variables de chaque
individualité ; pour ne point se rebuter alors que
le succès trahit les espérances les mieux fondées,
les plans les mieux conçus ; pour trouver dans
l'échec même qui nous afflige, le principe d'une
ardeur nouvelle et le motif d'étudier, avec une
application plus soutenue, les ressources que la

Providence a mises à notre disposition, pour féconder en tous le germe de la perfection et du bonheur ! O vous qui n'avez pas, dans les destinées humaines, la foi profonde des apôtres, vous qui ne savez pas voir, dans l'immensité même des obstacles qui se dressent contre l'homme, le témoignage irrécusable de sa grandeur, renoncez au sacerdoce de l'éducation, vous êtes frappés de stérilité. Avec la foi, vous manque cette vertu fécondante qui jaillissait du fils de l'homme pour se produire en merveilles. Si l'amour du bien vous possède, vos fonctions ne seront pour vous qu'une source d'inconsolables douleurs. Pour prix des efforts persévérants d'une longue vie toute entière, consacrée à l'éducation, vous ne produirez pourtant qu'un ébauche, et après avoir consacré vos jours et épuisé vos forces dans un travail plein d'amertume et de cruelles déceptions, vous n'arriverez au terme de la carrière, que pour acquérir la désolante certitude que vous avez manqué votre but, que l'élève de votre cœur, que celui auquel fut dévouée votre vie n'est en rien et ne sera jamais ce qu'il devait être. Mais ouvrez votre cœur aux inspirations de la foi dans les destinées humaines, et cette accablante pensée ne paralysera pas votre énergie ; avec la confiance

dans votre œuvre, naîtront les joies de l'espérance, pour adoucir l'amertume de votre tâche,
tempérer la rigueur de vos épreuves, fortifier
votre courage par le pressentiment du succès.
Et lorsqu'enlevé trop tôt à vos soins, l'élève
formé par vous ira apporter à la société son
contingent d'activité et de services, vous vous
consolerez de n'avoir pu mieux faire dans le
temps, par la certitude qu'il n'appartient qu'à
l'éternité d'accomplir l'œuvre du perfectionnement.

La foi n'ouvre un si vaste champ aux espérances
de l'instituteur, elle ne promet une si riche moisson
à ses efforts, que pour faire mieux sentir la nécessité d'obéir aux lois hygiéniques qui règlent
l'équilibre des fonctions, et la distribution de
l'activité dans le temps, suivant les besoins de
la conservation et du progrès.

C'est une chose bien merveilleuse, que cette
parfaite harmonie qui existe entre les desseins
de la Providence et les moyens qu'elle emploie
pour les accomplir ! Voyez, l'homme est appelé
à la science absolue ; il faut, à cet effet, qu'il
entre en communication avec tout, qu'il porte
sans cesse son attention d'un objet sur un autre,
pour connaître chaque chose en elle-même et

dans ses rapports avec le reste ; il faut qu'au témoignage produit par les apparences extérieures, il ajoute celui de cette analyse, qui, par l'action variée des organes, pénètre jusqu'au plus intime des corps, découvre la loi d'agrégation de leurs éléments mis à nu, afin que, de découverte en découverte, il arrive au fond de tout, et que, par l'infinie multiplicité de ses aperçus successifs, mais indissolublement reliés en un système immense et compacte, il arrive à cette unité absolue, qui embrasse d'un regard toutes les existences possibles, leurs rapports, leurs lois ; montre dans une seule chose le modèle et le type de l'univers, dans la plus chétive existence, la révélation de l'éternelle sagesse.

Dans ce but, la nature a voulu que le progrès et le plaisir ne se trouvassent que dans la variété des modes d'application de l'activité, dans les efforts de l'attention et des organes, s'exerçant tour-à-tour sur l'infinie multitude des êtres et des choses ; tandis que la dégradation et la douleur sont l'inévitable partage de celui qui s'absorbe en un cercle étroit d'activité, et condamne ses organes à un mouvement longuement uniforme *. La va-

* « Dans les progrès que fait la *division du travail*, l'occupation
» de la très-majeure partie de ceux qui vivent de travail, c'est-
» à-dire, de la masse du peuple, tient à se borner à un très-petit

riété dans les occupations et les études, et des
alternatives sagement ménagées entre le repos et
le travail, constituent essentiellement la loi qui

» nombre d'opérations simples, très-souvent à une ou deux. Or,
» l'intelligence de la plupart des hommes se forme nécessairement
» par leurs occupations ordinaires. Un homme dont toute la vie
» se passe à remplir un petit nombre d'opérations simples, dont
» les effets sont aussi peut-être toujours les mêmes ou très-appro-
» chant les mêmes, n'a pas lieu de développer son intelligence ni
» d'exercer son imagination à chercher des expédiens pour écarter
» des difficultés qui ne se rencontrent jamais; il perd donc natu-
» rellement l'habitude de déployer ou exercer ses facultés, et devient,
» en général, aussi stupide et aussi ignorant qu'il soit possible à
» une créature humaine de le devenir. L'engourdissement de ses
» facultés morales le rend non-seulement incapable de goûter aucune
» conversation raisonnable, d'y prendre part; mais même d'éprouver
» aucune affection noble, généreuse ou tendre et par conséquent
» de former aucun jugement un peu juste sur la plupart des devoirs
» même les plus ordinaires de la vie privée. Quant aux grands
» intérêts, aux grandes affaires de son pays, il est totalement hors
» d'état d'en juger, et à moins qu'on n'ait pris quelques peines
» très-particulières, pour le rendre autrement, il est également
» inhabile à défendre son pays à la guerre : l'uniformité de sa vie
» sédentaire corrompt naturellement et abat son courage, il lui
» fait envisager avec une aversion mêlée d'effroi, la vie variée,
» incertaine et hasardeuse d'un soldat; elle dégrade même l'activité
» de son corps, et le rend incapable de déployer sa force avec
» quelque vigueur et quelque constance, dans tout autre emploi que
» celui auquel il a été élevé. Ainsi sa dextérité dans son métier
» particulier est une qualité qu'il semble avoir acquise aux dépens
» de ses qualités intellectuelles, de ses vertus sociales et de ses
» dispositions guerrières. Or cet état est celui dans lequel l'ouvrier
» pauvre, c'est-à-dire la masse du peuple, doit tomber nécessai-
» rement dans toute société civilisée et avancée en industrie, à
» moins que le gouvernement ne prenne des précautions pour pré-
» venir ce mal. »

(ADAM SMITH, *Richesse des nations.* T. IV, l. v, cap. I, p. 181 et suiv.

doit présider à la distribution du temps. Cette loi se modifie suivant les âges, les organisations, et une multitude de circonstances à l'égard desquelles l'expérience et la sollicitude peuvent seules dire ce qu'il importe de faire. Quoi qu'il en soit, et abstraction faite de ces circonstances particulières, qui rendent si difficiles les fonctions de l'éducateur, il est toujours à craindre qu'on ne tombe dans la confusion, alors qu'on veut introduire la variété.

Entre la loi qui sollicite incessamment notre attention sur l'infinie variété des choses, et celle qui veut que l'attention se concentre sur chacune d'elles pour les pénétrer jusqu'au fond, la collision n'est qu'apparente aux yeux de l'observateur attentif, qui facilement les ramène à l'unité d'action. Elles ne sont certainement que deux modes d'application de la loi suprême de la science, et répondent exactement à cette loi du monde réel, suivant laquelle le principe vital de l'univers est identique à celui de chaque individualité, et qui veut que ce principe ne se développe, dans l'univers, que par le concours simultané de tous les éléments, dans les individus, par l'influence du tout.

L'observation attentive de la nature permet de

réaliser, dans l'œuvre de l'éducation pratique, l'harmonie qui existe entre ces lois, et de maintenir dans l'homme lui-même, entre ses facultés, puis dans les rapports entre le monde et l'homme, l'équilibre indispensable à la conservation et au développement.

Etudiez l'enfance, et voyez comment la nature opère le développement avant que l'éducation humaine ne lui prête son concours. Au début, les organes indispensables à la nutrition fonctionnent seuls et encore incomplètement, assez pour justifier, jusqu'à un certain point, l'incohérente doctrine des instincts. Tous les autres organes sommeillent, et sont encore comme non avenus à cette époque. Et si le tympan est blessé par le son qui le heurte violemment, ou si la rétine est douloureusement affectée par la lumière trop vive qui la frappe, l'enfant, à cet âge, n'entend ni ne voit. Il souffre seulement par ces organes qui, plus tard, seront la source de si vives jouissances, et l'instrument le plus actif de la science.

A proprement parler, il n'y a point de perception à cette phase du développement. La vie intellectuelle se réduit alors à la pure sensation. La perception, c'est-à-dire cet acte par lequel l'intelligence saisit le rapport entre la sensation et l'objet qui la produit, ne survient que plus tard et par un travail dont le mystère échappe à notre pénétration. Dès qu'elle est produite, la lumière a paru dans l'ame, qui a pris conscience d'elle-même en se distinguant de ce qui la modifie. La loi de causalité s'est révélée, et la voix de Dieu s'est fait entendre. Malgré l'immensité de la sphère d'activité où il se place, par son premier pas, hors de lui-même, il n'en est pas moins, à son début, incessamment ramené, par ses besoins immédiats, à l'étude d'un très-petit nombre d'objets, sur lesquels provisoirement il concentre ses affections et son attention. Tout le reste n'obtient qu'un regard fugitif et distrait. Voyez, c'est sa nourrice, source des seules jouissances dont il soit actuellement susceptible, qu'il distingue entre toutes les autres sans être jamais dupe des apparences. Il la sent, la juge et la connaît par tous ses sens excités, tenus sans cesse en éveil par elle, instruments infaillibles d'une analyse dont rien n'égale l'incompréhensible subtilité.

Peu à peu, par des transitions merveilleusement ménagées, les besoins se multiplient, et avec eux, dans un rapport direct, celui des objets

de l'attention et de la connaissance. Chacun d'eux
scruté, analysé sur tous les points sensibles et
en raison de l'intérêt qu'il inspire, se détache
nettement de tout le reste dans l'entendement,
s'y fixe profondément. De là, la vivacité des premières impressions, et la fidélité de la mémoire
chez les enfants.

A mesure que l'intelligence s'exerce sur un plus
grand nombre d'objets, elle comprend mieux
chacun d'eux. L'étude des rapports, phase supérieure du développement, devient plus familière,
plus productive, conduit directement à celle de
la loi des faits, à la recherche volontaire de la
cause suprême, et rend ainsi chaque jour plus
impérieuse la nécessité de multiplier les objets
de l'étude, d'étendre sans relâche le cercle des
investigations, jusqu'à ce que l'universalité des
choses y soit enfin comprise.

En conséquence de cette hygiène supérieure,
qui ne se borne pas à maintenir l'équilibre entre
quelques forces secondaires, mais qui aspire à
protéger le principe actif en soi, et sous toutes
les formes qu'il peut revêtir, le corps et l'esprit
doivent être tour-à-tour exercés, de telle sorte
qu'au début la plus large part d'efforts appartienne
au corps, par lequel le principe-actif se manifeste

sous une multitude de formes et d'aptitudes diverses. Dans cette première époque du développement scientifique, les matières de l'enseignement doivent se réduire, pour des raisons qui
seront exposées plus tard, à la langue maternelle.
Mais, conformément au vœu de la nature, la
variété et l'intérêt apparaissent par la multiplicité
des aspects sous lesquels on montre cette base
de la science.

L'esprit ainsi mené dans les voies de la nature,
opère sans fatigue ni dégoût, sans qu'il soit à
craindre que les organes, fortifiés du reste par
des exercices convenables, aient à souffrir quelque
dommage. L'attention qui, sous les inspirations
du besoin, se promène sur les faces diverses d'un
même tout, s'excite et se soutient par les avantages mêmes qu'elle obtient, et ne peut être ni
une souffrance ni une occasion de désordre pour
l'organisme. Le noble plaisir trouvé dans un travail utile, donne à l'esprit, et par lui au corps,
un ressort, une énergie qui permet à l'activité
de se déployer sur la plus large échelle, et
de trouver, dans l'exercice même auquel elle se
livre, le principe d'une vigueur nouvelle et de
plus vives jouissances. Ainsi se trouve accomplie
la loi qui prescrit à l'attention de ramener, à

l'unité, l'infinie variété des objets auxquels il faut qu'elle s'applique, et celle qui veut que le bonheur, fruit du travail, augmente en raison du savoir et de la puissance.

Est-il un âge fatal où il faille diminuer le travail du corps pour augmenter celui de la pensée ? en est-il un où survienne l'obligation de multiplier les matières de l'enseignement ? non, sans contredit. Tout ce qu'on peut dire de certain à cet égard, c'est qu'il faut, à l'imitation de la nature, procéder au changement par des transitions habilement ménagées au point d'être insensibles, consulter, avec une inquiète et prudente sollicitude, les circonstances et les nécessités de chaque individualité. Encore une fois, celui qui ne sait qu'obéir à des règles générales, et ne peut se résigner à faire de ses élèves une continuelle et patiente étude pour traiter chacun suivant les besoins qui lui sont propres, doit renoncer d'avance au succès.

Les exercices auxquels l'hygiène prescrit d'appliquer le corps, doivent être choisis et mis en œuvre de telle sorte que les aptitudes nécessaires aux diverses fonctions de la vie positive soient provoquées et développées à mesure que les forces grandissent. A ce titre, l'hygiène est une dépendance de l'éducation physique proprement dite, et se rattache par un nouveau lien à l'éducation morale. En attendant que nous soyons arrivés à cette partie de notre travail, où nous aurons à développer nos idées sur les moyens à employer pour perfectionner le corps en général, et les organes des sens en particulier, nous indiquerons sommairement les exercices par lesquels les forces peuvent se développer, l'équilibre des fonctions organiques se maintenir, et les aptitudes utiles prendre naissance et se perfectionner.

Ainsi tous les hommes, suivant la mesure de leurs forces, doivent être exercés aux fatigues des longues marches, des courses rapides, à sauter, à nager, à rester sans émotion sur les lieux élevés, à maîtriser un cheval, à conduire un attelage, à manier les armes, à exécuter les manœuvres du soldat, à se servir adroitement des principaux outils de quelques arts mécaniques, à pratiquer quelques-unes de ces opérations chirurgicales, dont la nécessité se fait sentir si impérieusement dans une multitude de circonstances de la vie. Les hommes qui ont voyagé et ceux qui habitent les campagnes isolées, apprécieront l'utilité de ces exercices, et comprendront sans peine que les avantages qu'on en retirerait, seraient bien autrement importants que ceux de certaines études auxquelles, trop exclusivement, on dépense le temps et la jeunesse *. Bizarre préoccupation des

* Il est évident que ces exercices sont bons, bien qu'à inégale mesure, pour tous les hommes, sans exception. Abstraction faite de toute autre considération, et à ne juger que par le point de vue politique des forces militaires, on ne peut manquer d'être frappé des avantages qui résulteraient pour l'Etat de l'universelle application des citoyens à ces exercices. En effet, soit que le système des armées permanentes se perpétuât, soit qu'il fit place à un ordre de choses plus conforme aux intérêts bien entendus de l'industrie, de la paix et de la liberté, la patrie trouverait dans chacun de ses enfants un défenseur vigoureux, adroit, aguerri, toujours prêt. Ce n'est donc pas de l'utilité de ces exercices que l'on doute, c'est de la possibilité de les rendre publics, praticables pour toutes les classes de la société, et particulièrement pour la plus nombreuse. La difficulté est grande, sans contredit; mais elle n'est pas insurmontable et ne suffit pas pour dispenser du devoir. Quelle qu'elle soit, il la faut attaquer avec courage, persévérance et prudence surtout; se résigner à ne la voir se détruire que lentement et à n'obtenir que successivement et en petite mesure à la fois le bien qu'on veut produire· De nos efforts ne résultera peut-être aucun avantage ni pour nous, ni pour les autres au temps présent; mais ne pouvant faire plus, soyons contents d'avoir préparé le bien, d'en avoir déposé le germe au sein de la société; imitons le vieillard dont la prévoyante bonté confie à la terre le chêne dont il n'espère l'ombrage que pour ses arrière-neveux. Dans nos tentatives de réforme, surtout lorsqu'elles ont une haute portée, nous devons nous proposer non un profit personnel ni même un bien général immédiatement senti par la société; mais la diminution certaine des abus et des maux qu'ils occasionnent, de plus fermes garanties pour les progrès de la civilisation. Les orages et les tempêtes ne rafraîchissent un instant l'atmosphère qu'au prix de dommages irréparables. Redoutons les révolutions violentes produites par les excès de la souffrance ou par l'impatience de

esprits ! on se fait une gloire désormais de s'absorber dans le culte des intérêts matériels ; on n'estime, on n'encourage que les travaux qui produisent la richesse, ou lui procurent des jouissances ; on accueille, avec un superbe dédain, ou l'on voue au ridicule les sentiments généreux et les nobles théories qui dépassent les vues d'un étroit égoïsme ; on n'aspire, pour ses enfants, qu'à les rendre propres à remplir des emplois lucratifs, qu'à *occuper de belles places, qu'à gagner beaucoup d'argent ;* c'est le but qu'on donne à leur vie ; c'est l'office auquel on ravale leurs facultés, et pourtant on consacre leurs dix plus belles années, celles dont l'usage décide de toute l'existence, à des études qui auraient pour effet immédiat, si par hasard elles réussissaient, de les rendre

jouir, elles ne profitent, hélas ! qu'aux intrigants habiles ; elles font leur triomphe. Au sein du désordre , d'où ils tirent leur puissance et qu'ils excitent, leur scandaleuse fortune s'élève à mesure que la corruption et la misère générales augmentent. Les gens de bien, justement effrayés d'un si odieux succès, fuient au loin le contact du pouvoir comme une souillure et, se résignant à l'inaction politique, dans le sentiment de leur impuissance actuelle à bien faire, ils s'efforcent d'empêcher que l'excès du mal n'amène trop tôt une nouvelle catastrophe ; ils préparent de meilleurs jours à la patrie par le soin qu'ils prennent de calmer des irritations légitimes mais dangereuses, de faire comprendre à tous que la liberté et le bonheur ne peuvent être que le fruit du travail, de l'industrie et de la moralité.

incapables des actes les plus urgents de la vie réelle, de faire un pas dans la route de la fortune, et de remplir les fonctions du plus chétif des emplois ! On veut qu'ils vivent long-temps, pleins de santé, de force, d'adresse et d'habileté, et pourtant, après les avoir laissés se développer à l'aventure, un jour on s'avise qu'il faut s'occuper de leur éducation ; et alors, sans transition aucune, sans ménagement, condamnant l'esprit à une étude soutenue, et le corps à une cruelle immobilité, par cette brusque perturbation de l'ordre naturel du développement, on altère la constitution, on ouvre la voie à ces maladies qui rongent et tuent lentement. Que si ce résultat, moins rare qu'on ne l'imagine, est évité, au moins est-il certain que celui dont le corps ne fut pas exercé aux fonctions que prescrivent à la fois la nature et la société, est exposé à des privations, à des souffrances, à des inconvénients de tous genres, et qu'il expie, dans une perpétuelle dépendance, le vice de son éducation et l'imprudence de ses maîtres.

Ce déplorable système d'éducation, qui laisse les jeunes gens sans direction positive qui les livre à la société, incapables d'y jouer un rôle convenable, d'y subvenir à leurs besoins par un travail utile, ne trouve de palliatifs que parmi les habitants riches et sédentaires des grandes villes, en faveur desquels il a été créé. Il est évident que lorsqu'on a pris pour base de l'enseignement commun des matières qui n'apportent aucune satisfaction aux besoins de la vie, sans s'inquiéter du soin de rendre le corps propre à ses fonctions, à se livrer avec avantage à la pratique des arts utiles, on a consulté, non les intérêts de la société *, mais les convenances d'une classe pri-

---

* « S'il n'y avait pas d'institution publique pour l'éducation,
» alors il ne s'enseignerait aucune science, aucun système ou cours
» d'instruction dont il n'y eût pas quelque demande, c'est-à-dire,
» aucun que les circonstances du temps ne rendissent, ou nécessaire,
» ou avantageux, ou convenable d'apprendre. Un maître particulier
» ne trouverait jamais son compte à adopter, pour l'enseignement
» d'une science reconnue utile, quelque système vieilli et totale-
» ment décrié, ni à enseigner de ces sciences généralement regardées
» comme un pur amas de sophismes et de verbiage insignifiant,
» aussi inutile que pédantesque. De tels systèmes, de telles sciences
» ne peuvent avoir d'existence ailleurs que dans ces sociétés érigées
» en corporation pour l'éducation ; sociétés dont la prospérité et le
» revenu sont, en grande partie, indépendants de leur réputation
» et totalement de leur industrie. S'il n'y avait pas d'institutions
» publiques pour l'éducation, on ne verrait pas un jeune homme
» de famille, après avoir passé par le cours des études le plus complet
» que l'état actuel des choses soit censé comporter, et l'avoir suivi
» avec de l'application et des dispositions, apporter dans le monde
» la plus parfaite ignorance de tout ce qui est ordinairement le sujet
» de la conversation entre les personnes bien nées et les gens de
» bonne compagnie. »

(Adam Smith, *Richesses des nations.* T. V, l. v, cap. I, p. 179.)

vilégiée et exclusive, qui n'accepte le travail que pour les ressources promises par lui à la vanité, ou parce qu'il faut défendre une position convoitée par tous.

Quoi que puissent dire les intéressés, là où règne un pareil système, l'éducation publique n'existe pas, et les noms pompeux dont on se gratifie ne rendent que plus sensible l'impuissance ou la mauvaise volonté. Car l'éducation publique, dans son universelle sollicitude, exerce toutes les forces, développe toutes les facultés, féconde tous les penchants, prépare, en sa longue patience, des capacités pour toutes les fonctions, pour tous les services, fait naître, au cœur de chaque citoyen, l'amour de la patrie avec celui de l'humanité ; elle aspire à lui donner un corps robuste, sain, adroit à développer son intelligence dans le sens de ses fonctions futures, afin qu'il soit capable de subvenir dignement par lui-même à ses besoins, et de rendre à la société les services qu'elle est en droit d'attendre de lui.

Ah ! si l'éducation publique n'était pas un vain mot, si elle était fondée sur des principes d'humanité et d'intérêt public bien entendus, nos villes manufacturières ne nous présenteraient pas le spectacle d'une population décrépite dès le berceau, n'obtenant, d'un travail qui l'épuise et la dégrade, que des moyens insuffisants d'existence. Le cœur se serre en entrant dans ces vastes établissements ouverts par l'industrie à la multitude qu'y pressent tous les besoins. Leur teint hâve, leurs yeux creux et flétris, leur corps cassé par un travail de quinze heures chaque jour, attestent les privations et les souffrances qu'ils endurent et reprochent hautement à la société de laisser subsister tant de misère et de ne pas former d'autres hommes.

A cette plaie qui la dévore, de récents événements nous ont appris quels sont les remèdes qu'elle sait apporter. A la misère silencieuse elle accorde les stériles témoignages d'une équivoque pitié. A celle qui se plaint et s'agite en ses angoisses, elle répond par les bayonnettes et la mitraille. Cette horrible réponse est bien moins un crime qu'un malheur, résultat inévitable des préjugés, des préoccupations, des intérêts qui règnent sur les esprits, et des institutions politiques telles qu'elles sont exploitées par l'ignorance et l'intérêt.

Qu'en leur haute position, les chefs des peuples soient pris du vertige ; qu'au milieu des enivrements de la grandeur et des préoccupations d'un

pouvoir chaque jour plus difficile à conserver,
ils méconnaissent souvent l'usage qu'ils doivent
faire de leur autorité ; qu'ils restent insensibles
aux douleurs du peuple et compriment, avec
tant de rigueur, les convulsions de la souffrance
publique, il n'y a rien d'étonnant. En fait de
louleur surtout, l'homme ne sait que ce qu'il
. senti, et il ne peut sympathiser qu'avec les
afflictions qu'il comprend. Dans leur dureté apparente, ils sont plus à plaindre qu'à blâmer
peut-être ; car ils ne savent ce qu'ils font, creusant
de leurs propres mains l'abîme qui les doit engloutir dans une prochaine catastrophe. Ils savent
seulement que le peuple aux abois se rue avec
fureur sur les heureux et leur fait cruellement
expier leurs fautes et leurs torts. Ce qu'ils savent
encore, c'est que la misère est un ennemi terrible,
impitoyable, contre les excès duquel il faut se
tenir sans cesse en garde. Mais ce qu'ils ignorent,
c'est la cause réelle des perturbations, qu'à bon
droit ils redoutent, c'est l'infaillible moyen de
détruire cette cause, d'amener non plus seulement
une trêve durant laquelle les passions s'exaltent,
les haines s'enveniment, en raison des maux
que l'on souffre et de ceux que l'on craint ; mais
une paix définitive, fondée sur l'harmonie des

intérêts, la réciprocité des bons offices et des sentiments affectueux.

Or cette harmonie des intérêts, cette sympathie cordiale n'existera que lorsque le gouvernement, organe sincère et éclairé du bien public, rendra évidente sa sollicitude *spéciale* pour le pauvre, en le recueillant, dès sa plus tendre enfance, pour lui prodiguer les soins de cette éducation sage et paternelle qui assure une existence indépendante et honorable, et fait trouver, dans le bien-être et la sécurité, fruits du travail et de l'industrie, l'amour de l'ordre et de la paix *.

Oui, pour le peuple surtout, pour le peuple

---

* Je sais que la question de l'éducation du peuple, indépendamment des difficultés qui lui sont inhérentes, se complique et s'embarrasse de tout ce que la politique et l'administration ont de plus irritant et de plus épineux ; je sais qu'on ne peut songer à de sérieuses réformes dans l'enseignement, sans signaler les vices de nos institutions fondamentales, sans froisser beaucoup d'intérêts, sans détruire toutes ces existences qui ne subsistent que par l'abus et sont nécessairement contraires à tout changement : mais je n'ai ni la prétention de voir toutes les difficultés, ni à plus forte raison celle de les résoudre toutes. Je ne pense pas non plus qu'il soit possible de découvrir le mal pour y appliquer un remède sans occasionner aucune souffrance. Je ne m'imagine pas davantage qu'on puisse faire vivre simultanément des choses incompatibles ni qu'il faille se dispenser de faire une chose utile par la crainte des inconvénients inévitablement attachés à la destruction d'une mauvaise. Autant qu'il sera en mon pouvoir de le faire, je signalerai donc les vices du système d'enseignement qui nous afflige, j'en indiquerai les causes, je montrerai les moyens de détruire le mal et ceux de marcher sans danger dans la voie des améliorations.

qui ne vit que du travail de ses mains, pour le peuple dont le bien-être et la moralité croissent à mesure qu'il montre plus d'aptitude à pratiquer les arts, dont les souffrances et la dépravation augmentent alors que la faiblesse physique, l'inhabileté et l'ignorance sont plus grandes, pour le peuple, l'éducation physique est une nécessité telle, que si l'on ne se hâte d'y subvenir convenablement, la société sera livrée à d'affreuses perturbations.

L'observation des lois de l'hygiène est donc une nécessité pour la société aussi bien que pour les individus. L'histoire de l'humanité prouve, par des exemples connus de tout le monde, que les peuples chez lesquels ces lois ont été méconnues, ont cruellement expié leur négligence, soit par les maladies et les infirmités qui leur furent propres, soit par la misère générale et les désastres politiques ; tandis au contraire, qu'aux nations qui ont observé ces lois, les récompenses les plus précieuses ont été prodiguées.

Ainsi une poignée de braves, endurcis aux fatigues et aux privations, descend des montagnes arides de la Perse, et subjugue, en passant, l'Asie corrompue par les dépouilles des Sardanapale. Corrompus eux-mêmes par les fruits de leur vic-

toire, les perses succombent malgré leurs innombrables soldats, sous l'effort de quelques grecs. Et
qu'on ne s'y trompe pas, les victoires de Marathon,
de Platée, furent bien moins le prix du génie mi-
litaire des capitaines grecs, ou le fruit de l'enthousiasme patriotique, que le résultat de l'éducation
donnée par la Grèce à ses enfants. Et si Sparte
range Athènes sous son joug, et promène ses armes triomphantes des plaines de l'Asie aux rives du
Nil, c'est que Lycurgue a soumis tous les enfants
de la patrie au régime le plus austère ; c'est qu'il
a condamné, à n'être pas ou à vivre dans la honte,
ceux qui seraient hors d'état de se livrer aux exercices, et d'endurer les épreuves par lesquelles il
en voulait faire un peuple de géants. Les mer-
veilleuses prouesses des paladins au moyen âge,
ont pour cause principale les exercices auxquels
on appliquait les fils des preux à cette époque. Les
hideuses maladies, transplantées par les hébreux
de la terre de l'exil sur les bords du Jourdain,
étaient le châtiment des violations de ces lois
hygiéniques que Moïse avait, à si juste titre,
placées au rang des lois divines. C'est à la même
cause qu'il faut attribuer les infirmités locales
qui affligent encore quelques contrées de l'Europe
elle-même. Si la Turquie et l'Égypte moderne

sont périodiquement ravagées par la peste, pre-nez-vous-en au régime, aux habitudes hygié-niques des musulmans dégénérés, et non au ciel sous lequel ils vivent, car on ne saurait en ima-giner un plus beau. Qu'ils changent de vie, et le dévouement des médecins français deviendra inutile, et la santé, la vigueur, l'adresse, l'in-dustrie et le bien-être, seront enfin pour eux en harmonie avec l'inépuisable fécondité du sol et la magnificence de leur climat.

Nous n'insistons si fortement sur cette partie de l'hygiène, que parce que nous voulons sin-cèrement que l'ame se déploie pour tous avec le plus d'avantages pour ce monde et le plus de riches espérances pour l'autre. Sans injustice, on ne pourrait donc nous imputer l'intention de vouloir diminuer en rien l'importance ni la sainteté des devoirs imposés aux gouvernements, à l'égard de l'éducation morale et religieuse du peuple. Au surplus, chaque chose aura son temps et sa place. Et nous ne laisserons aucun doute sur nos dispositions à cet égard, lorsque nous parlerons de l'éducation dans ses rapports avec les diverses classes de la société *.

* De ce que nous pensons que l'éducation doit, à certains égards, varier suivant les classes de la société, on aurait tort d'inférer que nous ayons le moins du monde l'intention d'immobiliser la société

Cependant nous pensons qu'il doit suffire provisoirement de se pénétrer des premières pages de cet écrit, de les comparer à celles qui vont

dans l'ordre de choses où elle s'agite et souffre maintenant, en cherchant à perpétuer ou à rendre plus profondes, par l'éducation, une hiérarchie et des distinctions si contraires, en apparence, à l'équité naturelle.

Mais qu'on y fasse bien attention, l'existence de ces classes est un fait qu'il faut accepter tel qu'il est, afin d'en tirer pour la société le parti le plus avantageux. Il est certain qu'elles sont, non une création arbitraire de l'homme, mais un effet nécessaire de la nature des choses, qu'elles sont, en soi, réellement conformes aux lois de la justice divine, qu'elles expriment certains besoins du corps social en même temps qu'elles sont chargées d'y subvenir, et que le meilleur moyen de produire le bien général et d'amener leur abolition, c'est de mettre chacune d'elles dans le cas de remplir convenablement les fonctions qui lui sont réservées.

Les avantages qui résulteraient pour toutes du soin que chacun prendrait de se développer largement dans sa spécialité seraient tels que nulle ne serait disposée à chercher ailleurs qu'en elle-même les élémens de son bonheur. Les sources de la convoitise des rivalités haineuses iraient s'amoindrissant à mesure que celle du progrès et du bien-être deviendraient plus abondantes. Les spécialités réuniraient à un plus haut degré les caractères qui les distinguent et les avantages qui leur sont propres, parce que leurs rapports, leur action réciproque, les secours mutuels qu'elles se prêtent deviendraient plus faciles et plus bienfaisants. L'harmonie qui serait produite par le concours intelligent de tous ces groupes, opérant l'œuvre du bien général en accomplissant une tâche conforme à leurs intérêts particuliers serait imperturbable et introduirait dans la société des éléments de force et de prospérité.

Il n'y a pas de doute que l'activité, le bien-être, la bonne intelligence qui résulterait de l'aptitude de chacun à remplir avantageusement les fonctions et les devoirs de son état, donnerait une vigoureuse impulsion à la civilisation et hâterait le règne de l'égalité sur la terre. Ah! si les sciences et les arts étaient toujours cultivés de manière à amener des résultats immédiatement avantageux pour suivre, pour apprécier toute l'importance que **nous attachons**, pour tous sans exception, mais particulièrement pour le peuple, à l'éducation morale

ceux qu'on y applique, ils seraient toujours cultivés avec fruit et leurs progrès seraient bien autrement rapides. Le nombre de ceux qui les sauraient exploiter utilement croîtrait dans une proportion incalculable, les applications heureuses qu'on en pourrait faire et les découvertes qui en faciliteraient l'étude se multiplieraient à l'infini.

Les vérités qui résument la science actuelle, accessibles aujourd'hui seulement à quelques hommes d'élite dont les forces et la vie s'épuisent dans un travail opiniâtre, seraient mises plus promptement qu'on ne l'imagine, à la portée des plus chétives intelligences. Et déjà même quelques savans du premier ordre, M. Arago et M. Poncelet entre autres, animés de pensées analogues et d'une foi semblable à la nôtre, s'appliquent à répandre sur tous cette vive lumière dont ils sont les foyers ; et, en s'efforçant de mettre à la portée des masses les principes les plus élevés des sciences d'application aux besoins de la vie, ils préparent cette bienheureuse époque où la science, éclairant d'une égale lumière tous les esprits, élevera au même niveau l'universalité des hommes pour prodiguer à chacun les biens qu'elle n'accorde maintenant, en petite mesure, qu'à un petit nombre d'élus.

Sans doute qu'à ce terme du progrès humain sur la terre, les classes n'existeront plus ; elles se seront effacées lentement dans l'œuvre insensible des siècles à mesure que cessera de se faire sentir la nécessité de la division du travail. Chacun alors, élevé à sa plus haute puissance, pourra par lui-même, sans aucun secours étranger, accomplir l'œuvre immense de son bonheur. Mais aussi long-temps que l'homme, subissant les conditions d'un développement incomplet, devra, pour subvenir à ses besoins permanents, recourir à l'assistance de ses semblables, la société sera divisée en classes distinctes, à chacune desquelles appartiendra exclusivement le soin de répondre à un ordre de besoins déterminés, et il sera nécessaire que l'éducation publique n'en laisse aucune dans l'ignorance de ce qu'il lui faudra savoir pour tirer le parti le plus avantageux de ses produits.

et religieuse. A la rigueur les riches peuvent se passer d'une direction systématique à cet égard. Une multitude de circonstances, qui concourent à faire naître et à développer en eux l'amour du beau et conséquemment celui du bien, leur en tiennent lieu jusqu'à un certain point ; mais aux pauvres elle leur est nécessaire plus encore que celle que leur donne un métier. C'est pour eux surtout qu'il a été dit que l'*homme ne vit pas de pain seulement ; mais de toute parole qui sort de la bouche de Dieu* *. C'est pour eux qu'il est urgent d'organiser les moyens d'exercer le sens moral, et de lui donner toute l'énergie dont il est susceptible ; car leur activité ne se déploie que sous l'influence des causes les plus propres à étouffer en eux le germe du bien, et à consommer leur dégradation. Sans cesse ramenés par leurs besoins, par les privations qu'ils endurent, par les calamités qu'ils éprouvent ou par celles qu'ils redoutent, aux soins que réclament le corps et les intérêts matériels, ils oublient qu'ils ont une ame, ils n'aspirent qu'aux jouissances matérielles , et leur cœur n'accorde de place aux affections douces et bienveillantes, que pour obéir au pur instinct de la brute. Ah ! qu'on ne soit pas

Mathieu , chap. IV, vers. 4.

surpris des excès auxquels se portent les masses livrées à leurs passions ; elles obéissent fatalement aux mobiles sous l'action immédiate desquels on les a laissées se placer. Au lieu de les maudire lorsqu'elles ont sévi ; au lieu de vous contenter, dans votre égoïsme, d'organiser et de maintenir à grands. frais les moyens de la force brutale, pour les écraser lorsqu'elles se montrent menaçantes : donnez-leur des gages de sympathie dont elles ne puissent douter, efforcez-vous de les rendre accessibles aux joies du foyer domestique, à l'amour de la patrie au bonheur de se sentir bon et de se montrer tel par ses œuvres, et la reconnaissance leur rendra l'obéissance facile, et l'autorité, se confondant chaque jour mieux dans leur esprit avec les lois morales dont la pratique leur révélera les bienfaits, deviendra pour elles l'objet d'une sorte de culte où le respect et l'amour tiendront la première place.

DEUXIÈME PARTIE.

MÉTHODE D'ENSEIGNEMENT.

CHAPITRE PREMIER.

——

La science est une toute indivisible, œuvre, objet et à la fois instrument du développement de l'homme sous l'influence du monde, dont tous les éléments, coordonnés dans un ordre nécessaire et imperturbable de dépendance réciproque et de concours harmonieux, réfléchissent avec éclat la lumière et l'utilité qu'ils se prêtent mutuellement, et font sentir, par le besoin de n'ignorer *rien*, la nécessité de se développer toujours.

Maintenant il importe de montrer par quelle méthode on procède pour enseigner la science ainsi conçue.

La *science* n'étant que le produit de l'activité appliquée à l'étude du monde, il suit que la méthode a pour principe essentiel *l'activité propre ;*

que les opérations dont elle se compose et l'ordre suivant lequel se combinent ces opérations, correspondent exactement aux actes que la nature prescrit à l'intelligence pour accomplir son développement par la science. Ces actes, nettement distincts les uns des autres, se succèdent dans un rapport constant et manifeste. Ainsi, particulièrement en ce qui concerne le monde extérieur, l'activité apparaît successivement sous la forme de la sensation, de la perception, de la mémoire, de la comparaison, du jugement, de l'abstraction, de la généralisation, montrant toujours et partout l'attention comme élement indispensable *.

---

* Aux yeux des hommes éclairés, ce que nous disons ici ne prouve, en aucune façon, que nous tenions les sens pour la source unique de nos connaissances. Nous pensons fermement au contraire qu'il est des idées nécessaires qui n'ont aucune communauté d'origine avec les sens, bien que la conscience nous en soit donnée à l'occasion de celles qui nous arrivent immédiatement par les sens : telles sont celles du temps, de l'espace, de l'infini, etc. Cependant tout en faisant à la raison pure et à ses manifestations toute la part qui leur revient, il est certain que nous ne pouvons nous mettre en rapport avec elles, chez d'autres que nous, que par l'intermédiaire des sens. L'éducation s'adresse donc directement aux sens pour arriver plus haut ; quiconque veut procéder autrement se trompe et manque le but. Aussi les méthodes qui procèdent par les abstractions, débutent par les *règles* et *les formules générales*, sont-elles nécessairement frappées d'impuissance. La science se constitue par la synthèse et non par l'analyse proprement dite. Celle-ci nous donne la connaissance des éléments qu'elle a séparés, par l'autre seule se forme en nous la notion de leurs rapports, de leurs lois.

C'est donc primitivement à diriger l'attention sur des faits *sensibles* bien choisis, à exercer la mémoire, à s'assurer que la comparaison joue scrupuleusement son rôle, et détermine des jugements exacts, que se réduit la méthode. Abstraire, généraliser, sont des actes nécessaires auxquels l'entendement se livre de lui-même, dès le début, dans une certaine mesure ; mais les formules et les théories, en tant qu'elles répondent à des réalités, ne doivent être l'objet de l'étude, que lorsque les faits dont elles résument les rapports ont été suffisamment observés.

La langue maternelle, premier objet de l'enseignement proprement dit, s'apprend par l'usage d'abord, par l'imitation de plus en plus fidèle des modèles proposés à l'attention des enfants. Ce procédé dont l'expérience, le bon sens du vulgaire et la raison des savants ont proclamé l'efficacité, est le seul qu'il faille suivre élémentairement dans la direction scientifique des études philologiques.

L'attention, par un travail régulier, doit donc confier soigneusement à la mémoire, sans cesse en éveil à cet effet, un fragment du chef-d'œuvre original d'un grand écrivain, assez étendu pour que l'élève y puisse trouver les modèles variés des formes de la parole, consacrées par l'art et par les règles, dont ces formes sont l'expression immédiate et sensible. La mémoire, par l'attention, joue chronologiquement le premier rôle ; mais la comparaison et le jugement entrent presque aussitôt en exercice par les rapprochements, les combinaisons, les imitations sans cesse renaissantes, que ces deux facultés font des matériaux confiés à la mémoire. A mesure que les faits se multiplient et deviennent plus familiers, au moyen de répétitions fréquentes, l'abstraction les distingue, les classe, les groupe, et la généralisation, accomplissant son œuvre avec fruit, formule nettement les lois révélées par le travail successif de toutes les facultés.

L'intelligence en s'appropriant, par cette analyse et cette synthèse réellement scientifiques, les formes vraies de la parole, s'identifie la pensée, substance de la parole ; et le génie, qui lui révèle les secrets de l'art d'écrire, lui dévoile, en de sublimes leçons, les mystères de la pensée.

Sous d'aussi nobles influences, ce n'est pas seulement un style correct, élégant, nerveux, servant de corps à d'utiles pensées, mais c'est aussi le sentiment et l'amour du beau qu'il contemple dans les grands maîtres ; c'est la cons-

cience de sa force et de sa dignité, puisée dans
la certitude qu'il comprend ses maîtres, et les
peut suivre dans la carrière qu'ils ont ouverte
devant lui, et où ils le précèdent comme des
guides tutélaires.

Ce résultat si désirable, caractère prononcé d'un
haut degré de perfection intellectuelle et morale,
est amené par la constante application qu'on met
à provoquer l'attention des élèves sur la pensée
et le sens moral contenus dans les formes où ils
étudient la langue, afin que, par le seul effort
de leur intelligence, ils les comprennent, s'en
rendent un compte exact, exposent nettement et
justifient les opinions qu'ils s'en sont formées,
prennent connaissance de la méthode qui les ont
produites, et s'assurent, par le fait seul de leurs
découvertes, qu'en suivant une voie semblable,
il leur serait possible d'arriver à un résultat ana-
logue. Or ils ne peuvent manquer de voir bientôt
que la méthode de patiente investigation qui les
rend confidents du génie, est identiquement la
même qui a engendré les œuvres qu'ils admirent.
Ils sentent qu'en eux aussi réside la puissance
de créer le beau aussi bien qu'ils ont la faculté
de le voir, de le connaître et de l'aimer. Aimer
le beau et vouloir le produire, c'est ouvrir son

cœur à l'amour du bien, et se révéler le pouvoir de le réaliser. Se sentir capable du bien, c'est s'imposer librement l'obligation de le faire, et ne laisser aucune excuse à la violation de son devoir. Celui qui en est à ce point, comprend et aime le devoir; il peut se rendre le témoignage encourageant qu'il a fidèlement suivi les voies du perfectionnement; car il est la confirmation vivante de cette vérité si méconnue, que la morale n'est qu'une face de la science, et qu'à mesure que l'enseignement s'élève, s'approche de son vrai but, il prend un caractère plus prononcé de moralité *.

* Cet accord du développement intellectuel avec le développement moral et la réaction de l'un sur l'autre, est rendu bien sensible par la prodigieuse rapidité de la civilisation des arabes. L'histoire raconte qu'en 641, Omar brûla la bibliothèque d'Alexandrie, de la même main qui saccageait les villes et détruisait les populations. Elle nous montre, deux siècles plus tard, la science et la vertu intimement unies, assises ensemble sur le trône des kalifes, dans la personne d'Aaroun-al-Raschid et dans celle de son fils Al-Mamoud. « Aroun-al-Raschid se fit une loi de ne bâtir jamais une mosquée » sans y attacher une école. Partout où les croyants se rassemblaient » pour adorer Dieu, ils trouvaient, dans son temple, l'occasion de » lui rendre le plus noble hommage qui soit permis à la créature, » celui de cultiver les facultés qu'a mises en lui le créateur. Du » reste, Aroun-al-Raschid était assez supérieur au fanatisme, qui » précédemment animait sa secte, pour ne point mépriser les con- » naissances acquises dans une autre religion. Le chef de ses écoles, » et le grand directeur des études dans son empire, était un chrétien » nestorien de Damas, nommé Jean Ebn Messua.
» Mais le vrai protecteur, le père des lettres arabes, fut Al-Ma-

La méthode qui relie ainsi indissolublement la science à la morale, est par cela seul humaine; elle est la loi providentielle du perfectionnement; car elle ne fortifie et n'éclaire l'intelligence que pour rendre plus sensible l'obligation d'être bon, et plus grand, le pouvoir de bien faire. Elle n'augmente si merveilleusement la science que pour engendrer l'amour entre les hommes, et les unir comme les membres dévoués d'une même famille.

A ce titre déjà la méthode est *universelle*, également bonne pour tout et pour tous, amenant invariablement, pour chacune des branches de

» moud, fils d'Aaroun-al-Raschid. Déjà du vivant de son père, » et pendant son voyage au Khorasan, il choisit, pour l'accompa- » gner, les hommes les plus célèbres par leurs connaissances, entre » les Grecs, les Persans, les Chaldéens. Devenu souverain, les » lettrés devenaient ses favoris; ses ministres n'étaient occupés que » des progrès de la littérature.... Tous les gouverneurs de provinces, » tous les employés de l'administration étaient chargés, avant toute » chose, de recueillir les richesses littéraires du pays conquis, pour » les porter au pied du trône.... Lorsque ce calife dicta la paix » en vainqueur à l'empereur grec Michel-le-Bègue, il lui demanda » comme tribut, une collection de livres grecs.... Ce même Al- » Mamoud, non moins généreux qu'éclairé, lorsqu'il pardonna à un » de ses parents qui s'était révolté contre lui pour usurper le trône, » s'écria : « Ah! si l'on savait combien j'ai de plaisir à pardonner, » tous ceux qui m'ont offensé viendraient me confesser leurs fautes ! » (Sismondi, de la littérature du midi de l'Europe, tom. I, p. 45, 46, 47, 48.) Par cette admirable exclamation, on peut voir que la lumière de l'évangile avait fait son apparition dans la mosquée, et que la divine charité qui anima Jésus sur la croix, respirait au cœur des successeurs du farouche Omar.

la science à laquelle on l'applique, des résultats identiques quant à leur valeur scientifique. D'un autre côté, qu'on se souvienne que la science, multiple par les aspects sous lesquels on la considère vulgairement, est en soi une et indivisible, et l'on se convaincra, à priori, qu'on ne peut admettre qu'une méthode.

Il n'y a donc qu'une méthode invariable dans ses principes constitutifs, comme la loi qu'elle exprime ; mais immense et flexible, elle se prête, sans répugnance et avec un égal succès, à toutes les applications que réclame la vie pratique ; elle se fait toute à tous, s'accommode aux circonstances, aux aptitudes, aux penchants, aux besoins de chacun. Mais ce qu'elle suppose en tous, c'est l'intelligence, c'est le principe actif, identique en tous par sa nature, mais divers par les conditions d'existence ; ce qu'elle demande à tous également, c'est le travail propre, le libre exercice des facultés, un but d'action déterminé, de la suite dans les efforts, de la consistance dans la détermination. Ce qui fait qu'on n'arrive pas au but, ce n'est pas le manque de force, c'est la mobilité dans la volonté. En matière d'éducation surtout, pour réussir, il faut vouloir longtemps, toujours la même chose. La supériorité de certains hommes, sur le reste de leurs semblables, tient bien moins à des qualités extraordinaires qu'ils auraient reçues de la nature, qu'à la persévérance de leurs efforts, qu'à leur infatigable patience à suivre la carrière qu'ils se sont proposée. Aussi Buffon a-t-il dit, avec un sentiment profond de la vérité, que le génie n'est qu'une grande aptitude à la patience.

La morale naît de soi dans la science par la vue du beau, par la contemplation de la volonté de Dieu et des moyens qu'il emploie pour relier à lui l'humanité par l'amour. Cependant la morale, à ce point de vue, n'a réellement pour objet qu'une abstraction, et ne saurait produire immédiatement ces œuvres utiles, que la société demande à chacun pour le bonheur commun. Or ces œuvres, qui sont si souvent, dans la vie sociale, le dévouement et le sacrifice, ne peuvent avoir d'autre principe que l'amour. Et où ce sentiment puiserait-il la vie, sinon dans la connaissance intime de l'homme ? Oui, il naît profond et actif lorsqu'on sait voir la grandeur et l'immense bonté du privilégié de Dieu, au travers de ses misères d'un jour et des œuvres passagères de son ignorance. C'est donc à l'étude attentive de l'homme, qu'il faut demander la morale pratique et sociale, la morale qui fait l'homme vertueux et réellement utile.

Les actes extérieurs et les rapports sociaux, rudiments de la science morale, amènent nécessairement, de proche en proche, à la contemplation pure de ce principe absolu, duquel émanent tous les actes, tous les rapports des êtres, qui règle cette influence réciproque et perpétuelle des actes sur les rapports, et des rapports sur les actes, élève jusqu'à la compréhension de la morale transcendentale, loi suprême des êtres, qui, par le concours harmonieux de toutes les activités gravitant simultanément vers le même but, engendre, par la science absolue, la sainteté et le bonheur parfait.

On voit ici se reproduire la confirmation de cette fondamentale vérité, que la méthode qui fait les savants est identiquement la même que celle qui fait les hommes bons, et que, dans l'ordre moral aussi bien que dans l'ordre scientifique proprement dit, en procédant des faits aux lois qui les gouvernent et aux principes qui les produisent, l'intelligence, par une progression insensible et nécessaire, arrive avec certitude aux vérités primordiales.

Les faits que contiennent l'histoire sont donc

soigneusement confiés à la mémoire, par la philo-
logie *, afin que la raison, livrée à ses propres
ressources, affranchie de toute influence étrangère, les rapporte, par un travail journalier et
spécial aux lois qui leur sont propres, découvre

* De l'application de la méthode à l'histoire, résulte nécessairement pour l'élève, au point de vue scientifique, la science de
l'histoire elle-même, celle des lois morales et l'art de la parole ;
au point de vue du développement général, pour le corps, l'aptitude à exprimer fidèlement par la voix le geste et la physionomie,
les sentiments, et, en un mot, toutes les modifications de l'âme ;
pour l'intelligence, l'habitude de l'attention, de la mémorisation,
de la généralisation ; pour le cœur, l'amour du bien, les inspirations et les actes qui émanent de ce sentiment. Afin d'obtenir ce
résultat, il suffit d'exiger que l'élève étudie un historien, qu'il rende
compte de *vive voix* du résultat de son étude, qu'il exprime les
réflexions, les pensées qui lui ont été suggérées par les faits qu'il a
retenus ; or, toute considération sur des faits humains sert au développement du sens moral. Ce qui importe surtout, c'est de ne
pas vouloir aller trop vite, de ne pas se laisser décourager par le
peu de valeur apparente des premières tentatives : il faut laisser
faire et ne jamais substituer son activité propre à celle de l'élève.
Le maître qui parle pour communiquer le fruit du travail de sa
pensée, se développe et grandit en raison de ses efforts, tandis
que l'élève, réduit au rôle passif d'écouteur, s'abrutit et reste l'in-
fidèle écho de la parole qui lui est imposée. Le travail auquel on
soumet l'enfant, par l'étude propre et solitaire de l'auteur recom-
mandé à son attention, n'est qu'une application particulière des
principes de la méthode, il est identique à celui auquel ont dû
se livrer tous les grands historiens, et l'expérience démontre qu'il
n'est pas un enfant qui ne parvienne à reproduire, avec la plus
grande correction, son modèle quelque parfait qu'il soit. Quant
à ses réflexions, elles seront toujours vraies, si elles n'expriment
que les rapports, vus par lui, entre les faits dont il a su se pénétrer.
Elles deviendront profondes et compréhensives à mesure que l'habitude de voir et de formuler deviendra plus grande. Quand on

et adopte librement les règles de conduite qui se trouvent à chaque instant mises en relief dans la vie des peuples et des individus, objets de son étude.

Ces règles prennent dans la conscience une autorité qui croît à mesure que l'habitude, l'expérience et la réflexion, rendent plus sensible le caractère de bienfaisance et d'utilité dont elles sont empreintes.

Etudier l'histoire pour y trouver la morale, c'est ouvrir son cœur à de nobles sentiments, à de vives sympathies, à un profond amour pour l'humanité.

L'histoire, quoi qu'on en dise, est l'apothéose de la science et de la vertu, marchant fraternellement dans le monde pour y apporter la paix, l'union et le bonheur. Socrate et Jésus mourant

n'obtiendrait de ce procédé d'autre avantage que celui d'exercer l'activité, de révéler à l'élève la conscience de sa propre valeur, que de lui montrer, par ses progrès rendus chaque jour plus sensibles à ses propres yeux, les biens inappréciables que procure le travail, la morale ferait un devoir de ne pas en employer d'autre. Sans doute qu'en se soumettant à ce mode d'enseignement, les professeurs n'auraient que rarement l'occasion de briller comme parleurs ou comme savants ; ils devraient se résigner à un rôle presque passif, à écouter les informes essais de leurs élèves, et à ne tirer gloire que du développement spontané et de la grandeur de ces derniers ; mais il s'agit non de flatter la vanité des maîtres, ni de leur fournir les moyens de s'élever rapidement à la fortune et aux honneurs, tombeau de toute activité, mais de placer la jeunesse dans les circonstances les plus favorables au développement de toutes les facultés.

du supplice des malfaiteurs, ont produit bien plus de martyrs dévoués, que leurs persécuteurs triomphants n'ont trouvé d'apologistes ou d'imitateurs. Les longues et cruelles douleurs des peuples, dans leurs luttes contre les mauvais pouvoirs, ont valu plus d'amis sincères et de défenseurs zélés à la sainte cause de la liberté, que les faveurs des puissants n'ont amené de partisans à l'oppression. Tant est grande la force qui attire l'homme au bien !

L'humanité, dans son mouvement ascensionnel vers un meilleur ordre des choses, rend à chaque pas plus manifeste ses titres à l'origine auguste qu'elle revendique, et par là multiplie ses droits au respect et à l'amour qu'elle réclame pour le bonheur commun.

Toutefois, la vie morale dont le principe et l'aliment se puiseraient dans l'histoire seulement, aurait sans doute un caractère prononcé d'élévation et de pureté ; mais il serait à craindre qu'elle ne fût pas en harmonie avec les habitudes, les mœurs et les besoins de ceux au milieu desquels s'écoule la vie de relations. Il n'est que doux et facile d'aimer les hommes qui ont marqué leur passage sur la terre, par d'éminentes facultés et de belles actions, de sympathiser, par eux, avec les douleurs passées, de s'indigner contre le mal, d'obéir au noble besoin de marcher sur leurs traces ; mais aimer ceux qui nous entourent, malgré leurs vices et le spectacle de leurs mauvaises œuvres ; être animé du désir de leur faire du bien, alors même qu'ils nuisent à nos intérêts ; ne jamais confondre celui qui fait le mal dans la haine que nous devons éprouver pour le mal seulement, sont des sentiments que les traditions ne peuvent faire naître en nous, pas plus qu'elles ne peuvent nous dire ni quels sont les besoins présents que réclament notre assistance, et les moyens à mettre en œuvre pour y subvenir, ni quelles sont les causes, les excuses, les palliatifs des misères qui affligent nos cœurs, des vices qui froissent nos intérêts. C'est donc à l'étude des hommes contemporains, et particulièrement de ceux avec lesquels il vit habituellement, que l'homme doit demander le secret de bien vivre avec ses semblables, les motifs réels qu'il a de les aimer, de travailler de toutes ses forces à leur amélioration et à leur bonheur.

Que le regard attentif des élèves soit donc fréquemment détourné du spectacle si attachant, que lui offre l'histoire pour être porté sur les êtres qui l'entourent et tour-à-tour sur lui-même, afin qu'il apprenne à se rendre justice, à les aimer, à leur être indulgent et secourable ; à connaître, par l'observation propre et par l'expérience, quels sont ses devoirs, ses droits et les leurs, à régler chaque jour mieux les mouvements de son cœur et sa conduite, suivant cette justice et cette charité qu'il admire dans ceux qu'il s'est proposé pour modèles.

De même que dans l'étude de la science, il s'est ennobli par la conscience de son aptitude à produire le beau ; dans l'œuvre de son perfectionnement moral, il grandit à ses propres yeux et se purifie à mesure qu'il sent croître en lui le pouvoir de bien faire. Les joies de la conscience satisfaite, douce récompense de ses efforts, lui font comprendre qu'il porte en lui-même le principe de son bonheur, impriment à son activité une énergie toujours croissante, chaque jour plus régulière et plus féconde en heureux résultats.

L'amour, qu'avant tout il importe de déposer au cœur de l'enfant, comme la source de la vertu et du bonheur, n'y peut prendre naissance que par les témoignages sensibles pour lui de l'amour dont il est l'objet. Il est moins utile encore à l'instituteur, pour accomplir son œuvre, d'inspirer à ses élèves une haute considération pour son savoir, un profond respect pour ses vertus,

que de ne leur laisser aucun doute sur la bienveillance de ses dispositions, ni sur la sincérité
de son dévouement à leurs intérêts.

Dans les merveilles du monde, son œil, rendu
attentif, découvre et bénit l'ineffable bonté du
créateur pour lui. Pareillement il faut qu'en la
maison où il vit pour se perfectionner, il découvre, dans l'ordre général, dans les dispositions particulières, dans la place et l'usage de
chaque chose, dans la scrupuleuse et longue patience du maître à l'instruire, à le diriger dans
ses études, à s'assurer incessamment qu'il accomplit fidèlement son devoir, le caractère irrécusable d'une attentive et paternelle sollicitude ; il
faut qu'il croie, sans réserve, s'il est possible,
que tout est arrangé autour de lui de la manière
la plus propice à son avancement et à son bonheur ;
il faut surtout qu'il sache bien que l'éducation
qu'on lui donne, est l'œuvre de l'amour et non
point celle de la cupidité. Qu'il voie donc le
désintéressement et l'abnégation de soi briller
d'une vive lumière dans tous les actes du guide
auquel il est confié ! qu'il voie dans l'intelligence
et le savoir, qui président à sa marche vers la perfection, les auxiliaires d'une éminente moralité !

Les rapports entre les maîtres et les élèves sont

nettement dessinés, ils amènent naturellement des actes conformes aux principes d'où ils procèdent. La bienveillance, l'esprit de justice et d'indulgence qui anime le maître à l'égard des élèves, disposent ceux-ci à le payer de retour, et rendent par là facile l'obéissance et les devoirs que leur raison n'a pu comprendre encore entièrement. D'un autre côté, le soin scrupuleux que l'on met à ne jamais violer en rien le principe fondamental de tout développement : la liberté de l'activité propre, de n'imposer à l'élève que des efforts dont il lui soit possible de voir l'utilité réelle, ne lui permet pas de croire que l'arbitraire soit en aucune façon la loi de son maître à son égard. Il se réjouit au contraire du respect dont il se voit l'objet, à cause du principe qui l'anime et du but où il tend. Oui, il est respecté et doit l'être ; car le respect appartient à celui qui, fidèle à sa loi ; courageux et persévérant, s'efforce, au travers des obstacles et des épreuves douloureuses, pour grandir jusqu'à Dieu.

L'amour et le respect qu'on lui porte, il les ressent pour les compagnons de sa route vers la perfection. Comment n'en serait-il pas ainsi ? il les étudie attentivement, il reconnaît qu'en eux réside le même principe, qui fait sa gloire et le fondement de tous ses droits. Dans leur faiblesse, leur ignorance et leurs fautes, il se reconnaît lui-même, et puise le motif de se montrer secourable et indulgent pour eux. Jugé par ses camarades lorsqu'il a manqué à son devoir, il les juge à son tour lorsqu'ils se sont écartés du leur, et apprend ainsi *pratiquement* à exercer, dans ses propres relations et suivant sa conscience, cette justice qu'il doit à chacun par réciprocité, et que plus tard, comme citoyen, il exercera sur une plus large échelle. La condamnation qui le frappe ne peut servir de prétexte fondé à l'esprit de révolte ; car ses pairs, qui le jugent d'après des motifs pris dans sa propre conduite, et non en des notions abstraites ou en des lois arbitraires à ses yeux, toujours disposés à voir leur cause dans la sienne, sont bien plutôt indulgents que sévères. Innocent, s'il est puni par une erreur manifeste, il apprend à ne point faire dépendre son bonheur de l'opinion d'autrui, mais à le chercher dans le témoignage infaillible d'une bonne conscience. Dans l'injustice involontaire dont il souffre, il voit la difficulté d'être juste toujours, et le devoir d'être circonspect et modéré dans ses jugements sur autrui, de s'abstenir dans le doute, et d'absoudre un coupable plutôt que de courir jamais le risque de punir un innocent.

A la crainte salutaire du châtiment, vient se joindre peu à peu, pour devenir enfin mobile unique, le sentiment de l'honneur, produit et développé par la conscience du devoir, et à la fois par le besoin toujours croissant de jouir de l'estime d'autrui et de la sienne propre. L'autorité du maître, qui n'intervient dans ces actes de justice réciproque que pour appeler l'attention sur les faits, sur les droits et les devoirs méconnus, n'a jamais à souffrir, à bon droit, du soupçon de partialité ou de mauvais vouloir.

Par ces actes de justice fréquemment répétés, mais toujours graves et imposants à cause de l'intérêt que chacun y porte pour son propre compte ou par sympathie pour les autres, les notions des jeunes gens, sur leurs rapports, sur les droits et les devoirs, s'étendent et se rectifient. Le fait extérieur, signe équivoque de moralité, n'est plus la base unique de ses jugements ; par un retour sur lui-même, il pénètre jusqu'à l'intention, il la scrute, il lui demande compte des causes qui l'ont produite, et la vérité, se dévoilant toute entière à ses yeux, il comprend enfin et applique au coupable qu'il plaint, ces sublimes et touchantes paroles de Jésus sur la croix : pardonne-leur, ô Père ! car ils ne savent ce qu'ils font ! Ce cri, expression d'une charité divine, est, au point de vue où nous sommes ici placés, l'éloquente démonstration que la science et la moralité se confondent dans une ame purifiée. Le christianisme, en s'unissant à la raison pour confirmer cette vérité capitale, lui prête un caractère plus imposant encore, et fait pressentir cette autre vérité, non moins importante, qu'il n'est lui-même qu'une face de la science absolue. Car la science absolue c'est Dieu, et le christianisme, même aux yeux de plus purs orthodoxes, n'est qu'une manifestation immédiate de Dieu.

S'élever par la pensée jusqu'à Jésus, s'identifier à lui, ce n'est pas voir seulement, avec plus de certitude, que la science et la moralité sont deux termes corrélatifs, deux éléments d'un même tout, que la morale est une dépendance de la religion où elle s'absorbe, d'où elle tire son principe vital, son autorité réelle, sa sanction ; c'est mieux que cela pour la vie pratique, car c'est ouvrir son cœur aux inspirations de la divine charité, qui *supporte tout*, qui *pardonne tout*, qui *espère tout, qui nous fait bénir ceux qui nous maudissent*, et voir, dans le plus corrompu des hommes, un frère malheureux, à l'amélioration duquel nous devons travailler, avec d'autant plus d'ardeur qu'il nous semble plus dépravé, plus éloigné d'être parfait comme Dieu est parfait.

Qu'on ne dise pas que la hauteur où se trouve placé Jésus-Christ est chimérique, inaccessible à l'homme. Il n'est le modèle des hommes, que parce qu'ils ont en eux-mêmes le pouvoir de l'imiter. Sa loi n'est obligatoire et accueillie comme telle par eux, que parce qu'ils sentent bien qu'elle est en harmonie avec leurs facultés, leurs besoins et leurs espérances. Non, la grandeur de Jésus quelle qu'elle soit n'est pas hors de leur portée ; car ils sont virtuellement parfaits. Si ce dogme capital était faux, la loi qui rend la perfection obligatoire pour nous, ne serait qu'une absurdité, et notre soumission et nos efforts qu'une pure folie. Heureusement que nous portons en nous-mêmes le témoignage irrécusable de notre virtualité, et par conséquent aussi celui de la vérité des principes et des promesses de l'Évangile.

Un des plus grands écrivains dont s'honore la France, Rousseau, a fait servir son admirable génie à propager l'opinion que les idées religieuses doivent rester étrangères aux enfants. Cette opinion n'est vraie que par rapport à la méthode

généralement adoptée pour l'enseignement reli-
gieux, mais en soi, prise dans un sens absolu,
elle est fausse et dangereuse. Le législateur des
chrétiens, bien autrement respectable en matière
religieuse que Rousseau, malgré sa puissante
éloquence, veut au contraire que l'homme soit
initié à sa doctrine dès la plus tendre enfance.
Laissez venir à moi les petits enfants, dit-il.
Oui, fermant l'oreille à l'erreur d'un grand
homme qui a tant fait pour l'enfance, laissez
venir à Jésus les petits enfants, tandis que leur
cœur, pur encore, pourra recevoir et réfléchir,
sans la ternir, cette lumière qui jette un jour
si beau sur les destinées humaines, qui leur
montre leur glorieuse affinité avec Dieu, et leur
donne la vive espérance que l'éternelle félicité
sera le prix certain de la science parfaite et de
la sainteté. Laissez-les venir à lui, car par lui
ils vivront de la vraie vie de l'homme ; ils vivront
pour goûter les ineffables joies des élus, en
s'élevant au faîte de la grandeur, par les œuvres
de l'amour et de la science ! Laissez-les venir à
lui, et la suave parole de la bonne nouvelle, et
la merveilleuse harmonie de cette vie si courte,
si pleine de faits et d'enivrantes séductions avec
la divine pureté de sa doctrine, les pénétrera pour

le bien de cet enthousiasme brûlant qui fait naître les martyrs du devoir ! Qu'ils apprennent par lui qu'aller vers Dieu c'est grandir en science et en vertu, c'est multiplier ses moyens d'être heureux ! Qu'ils sachent de combien de grandes choses ils sont capables, et quelles sont les joies attachées à l'accomplissement des grandes choses ! Qu'à la vue de leur tâche agrandie pour prix de leurs efforts passés, ils tressaillent d'aise dans le sentiment de leur force nouvelle, et s'exaltent par l'espérance de devenir plus puissants encore et de mériter des devoirs toujours plus imposants !

Nous n'avons fait que suivre l'essor de l'élève vers le bien, qu'observer les phases du développement qu'il opère en lui-même, par suite de la libre activité de l'intelligence, et, de proche en proche, nous nous sommes élevés avec lui jusqu'au principe de la moralité : Dieu. Oui, telle est l'excellence de l'homme que ce résultat est nécessaire, que, poussé par une loi dont il ne peut qu'adorer la sagesse, il ne peut pas ne pas s'approcher incessamment de l'*Être*, afin de le contempler face à face et de s'identifier à lui. Or, chercher Dieu, l'aimer, le servir, aspirer de toutes les forces de son ame à s'unir à lui, à vivre de la vie qui lui est propre à n'agir plus que pour con-

courir *sciemment* à l'accomplissement de l'œuvre
de son infinie providence, c'est être animé des principes fondamentaux de la religion, c'est les mettre
en pratique. Il est évident dès-lors que la religion
n'est produite dans l'entendement que par un acte
nécessaire de la raison, et que tout antagonisme
entre ces deux formes successives, par génération,
de l'intelligence, est un véritable non-sens. Elles
sont entre elles comme l'effet à sa cause, le
phénomène à sa substance. La religion naît donc
en nous par la raison livrée à elle-même, et sans
qu'il soit besoin de faire intervenir aucune force
génératrice étrangère. Elle est la forme transitoire
au moyen de laquelle l'esprit, purifié par la
contemplation, passe du monde des phénomènes
à celui des réalités. Pareillement la foi, élément
fondamental mais non point unique de la reli-
giosité, est un acte de raison. C'est, pour ainsi
parler, une prise de possession de la vérité, par
légitime anticipation ; car c'est une vue con-
fuse, mais certaine, contenue élémentairement
dans ce que l'on sait bien, d'une vérité dont on
pressent que la démonstration ne manquera pas
à un développement ultérieur de la science. Quelle
preuve plus éclatante peut-on avoir de l'affinité
de la foi et de la raison, dans une intelligence

régulièrement développée, sinon que la foi ne s'est montrée nulle part plus active, plus profonde, plus dévouée que là où la raison exista plus puissante et plus vaste ! Il semble que l'homme sans foi, quel que soit du reste son savoir, soit comme incomplet, alors même qu'on le considère au point de vue de ce qu'il sait le mieux ; car il n'a pas vu, dans ce qu'il sait, l'élément de cette science des réalités, dans laquelle seule il peut trouver la solution de tous les doutes qui le tourmentent. Raison et foi sont donc deux termes corrélatifs, qui se présupposent nécessairement l'un l'autre, et se complètent réciproquement. En dernière analyse, la foi est la ferme adhésion au principe invisible, dont la raison voit la nécessité par la science des phénomènes.

Placée aux confins des deux mondes, qu'elle embrasse et relie indissolublement, la foi, après avoir soulagé nos misères ici-bas, nous avoir prêté une indomptable énergie pour l'accomplissement des devoirs qu'elle impose, nous assure, dans l'éternité, des conditions *progressivement* meilleures de développement, jusqu'à ce que, toutes les épreuves préparatoires ayant été subies, nous soyons parvenus à la perfection de la vertu, de la puissance et du bonheur.

De même que la conscience atteste l'identité de l'être malgré les modifications innombrables qu'il subit, la foi, par une puissante synthèse, enseigne que le moi, dans son long voyage au travers des mondes échelonnés sur sa route vers l'absolu, restera imperturbablement *un* et *identique*, et se constituera comme une personnalité de plus en plus imposante, distincte et indépendante du mouvement général et des influences étrangères.

Dans ses rigoureuses déductions, elle affirme l'éternelle unité de la loi et l'éternelle unité de l'*Être*. Elle voit, d'une vue certaine, par la raison qui jamais ne la délaisse, que Dieu, toujours fidèle à lui-même, n'accomplit dans l'éternité, l'œuvre du perfectionnement que par la loi qui en a réglé les préludes sur la Terre.

Rapprochant, pour résumer, les deux termes extrêmes, on voit l'unité dans l'ignorance absolue aussi bien que dans l'absolue sagesse, et l'intervalle compris entre ces deux termes, remplis par des actes identiques quant à leur nature, et déterminés invariablement par *une* loi qui ne souffre aucune perturbation dans l'immensité des rapports qu'elle embrasse ni dans sa durée infinie.

Cette loi, dont la raison constate, à priori et

indépendamment de l'expérience qu'elle domine, la *nécessaire* existence, est le témoignage non équivoque de l'éternelle durée de l'homme, et la plus ferme des garanties que la vertu puisse obtenir pour les espérances qui la soutiennent ; car ici-bas, elle ne peut être accomplie, et il implique contradiction qu'elle ne le soit pas.

Considérée par rapport à la vie pratique et dans la sphère spéciale de l'enseignement en général, elle prête à la méthode qui aspire à l'appliquer fidèlement, une autorité surhumaine en même temps qu'elle promet ou explique les résultats les plus merveilleux.